ESQUERDA E DIREITA

Murray N. Rothbard

ESQUERDA E DIREITA

Prefácio de
Rodrigo Farias de Sousa

Apresentação de
Arthur A. Ekirch, Jr.

Tradução de
Maria Luiza X. de A. Borges

São Paulo | 2019

Impresso no Brasil, 2019

Título original: *Left, and Right: The Prospects for Liberty*
Copyright © 1965 © 1979 © 2010 by Ludwig von Mises Institute

Os direitos desta edição pertencem ao
Instituto Ludwig von Mises Brasil
Rua Leopoldo Couto de Magalhães Júnior, 1098, Cj. 46
04.542-001. São Paulo, SP, Brasil
Telefax: 55 (11) 3704-3782
contato@mises.org.br · www.mises.org.br

Editor Responsável | Alex Catharino
Tradução | Maria Luiza X. de A. Borges
Revisão da tradução | Lígia Alves
Preparação dos originais | Alex Catharino
Revisão ortográfica e gramatical | Márcio Scansani / Armada
Revisão final | Pedro Henrique Alves
Produção editorial | Alex Catharino
Capa | Mariangela Ghizellini / LVM
Projeto gráfico | Luiza Aché / BR 75
Diagramação e editoração | Laura Arbex / BR 75
Elaboração do índice remissivo | Márcio Scansani / Armada
Pré-impressão e impressão | Plena Print

Dados Internacionais de Catalogação na Publicação (CIP)
Angélica Ilacqua CRB-8/7057

H769e   Hoppe, Hans-Hermann
        Esquerda e direita: perspectivas para a liberdade/Hans-Hermann
    Hoppe; prefácio de Rodrigo Farias de Sousa; apresentação de
    Arthur A. Ekirch Jr.; tradução de Maria Luiza X. de A. Borges. – 4.
    ed. – São Paulo: LVM Editora, 2019.
    112 p.

    ISBN: 978-85-93751-91-2
    Título original: *Left and Right: The Prospects for Liberty*

    1. Ciências sociais 2. Economia 3. Ciência política - Filosofia 4.
    Livre-comércio 5. Estado 6. Democracia 7. Propriedade privada 8.
    Libertarismo 9. Socialismo 10. Conservadorismo I. Título II. Sousa,
    Rodrigo Farias de III. Ekirch Junior, Arthur A. IV. Borges, Maria
    Luiza X. de A.

19-1823   CDD 300

Índices para catálogo sistemático:
1. Ciências sociais   300

Reservados todos os direitos desta obra.
Proibida toda e qualquer reprodução integral desta edição por
qualquer meio ou forma, seja eletrônica ou mecânica, fotocópia,
gravação ou qualquer outro meio de reprodução sem permissão
expressa do editor. A reprodução parcial é permitida, desde que
citada a fonte.

Sumário

7   Nota à 4ª edição brasileira
    Alex Catharino

9   Prefácio à 4ª edição brasileira
    A liberdade tem lado?
    Rodrigo Farias de Sousa

25 Apresentação à edição norte-americana
    de 1979
    Arthur A. Ekirch, Jr.

33 Capítulo 1
    Otimismo e Pessimismo

37 Capítulo 2
    A derrocada da velha ordem

41	Capítulo 3 Ascenção e declínio do liberalismo
49	Capítulo 4 Ascenção e declínio do socialismo
63	Capítulo 5 Coletivismo, Progressismo e o *New Deal*
81	Capítulo 6 A resposta libertária
87	Capítulo 7 Em defesa do otimismo
97	Capítulo 8 A importância do otimismo
103	Índice remissivo e onomástico

Nota à 4ª edição brasileira

O ensaio "Left and Right: The Prospects for Liberty" [Esquerda e Direita: Perspectivas para a Liberdade] foi publicado originalmente em inglês, no ano de 1965, na primeira edição de *Left and Right: A Journal of Libertarian Thought* [*Esquerda e Direita: Uma Revista de Pensamento Libertário*], periódico criado por Murray N. Rothbard (1926-1995), que, desde a criação até a última edição da revista em 1968, atuou como editor responsável e principal colaborador da publicação. Acrescido de uma apresentação de Arthur A. Ekirch, Jr. (1915-2000), o texto foi lançado pela primeira vez na forma de livreto independente, em 1979, pelo Cato Institute. A mais recente edição norte-americana da obra foi publicada, em 2010, pelo Mises Institute.

Tendo como base a edição em inglês de 1979 o texto foi traduzido para o português por Maria Luiza

X. de A. Borges, sendo publicado em 1986 pelo Instituto Liberal (IL) e reeditada em 1988 pela mesma instituição. Uma terceira edição da mesma tradução foi lançada em 2010 pelo Instituto Ludwig von Mises Brasil (IMB).

Esta quarta edição lançada pela LVM Editora mantém a tradução original de Maria Luiza X. de A. Borges, que foi revisada por Lígia Alves e por Márcio Scansani. Foi acrescentado neste volume um prefácio de autoria do historiador e professor Dr. Rodrigo Farias de Sousa. Ao longo do texto foram incluídas algumas notas do editor, identificadas como (N. E.). Por fim, foi elaborado um índice remissivo e onomástico.

Agradecemos em nome de toda a equipe da LVM Editora o apoio inestimável que obtivemos ao longo da elaboração da presente edição de inúmeras pessoas, dentre as quais destacamos os nomes de Llewellyn H. Rockwell Jr., Jeff Deist, Joseph T. Salerno e Judy Thommesen do Mises Institute.

Alex Catharino
Editor Responsável da LVM Editora

Prefácio à 4ª edição brasileira
A liberdade tem lado?

Rodrigo Farias de Sousa*

Havia muito tempo não se falava tanto em "esquerda" e "direita" no Brasil como nos últimos anos. Depois de um breve flerte com o crescimento econômico na década passada, e da promessa de que a crise de 2008 não seria mais que uma "marolinha", o país voltou a se ver enroscado em recessão, redução de investimentos, degradação de serviços públicos, grandes manifestações populares, contestação de eleições,

---

* Doutor em História pela Universidade Federal Fluminense (UFF), professor de História da América no Instituto de História da Universidade Federal do Rio de Janeiro (UFRJ) e autor dos livros *Nova Esquerda Americana: De Port Huron aos Weathermen (1960-1969)* e *O Nascimento do Moderno Conservadorismo nos Estados Unidos: Ideologia, Liberalismo e Raça em* National Review, *1955-1968*.

denúncias de esquemas de corrupção, um *impeachment* e uma curiosa retomada de rixas ideológicas que pareciam relíquias da Guerra Fria. Denúncias de "comunismo" à direita e previsões sombrias de golpe militar à esquerda voltaram a fazer parte das (acirradas) discussões políticas, que agora não mais se limitam à imprensa, comitês partidários ou universidades, mas tomaram de assalto as redes sociais, as conversas de vizinhos e até os "grupos da família" dos aplicativos de mensagens. O brasileiro, de quem muitos diziam ser pouco politizado, parece ter descoberto a política com ardor — ainda que com um vocabulário um tanto envelhecido. Nos embates entre partidos e facções, os termos "esquerda" e "direita" parecem ter perdido o sentido político tradicional e se transformado em meros sinônimos de "bem" e "mal", conforme a preferência de cada um.

Apesar do fenômeno ter chamado a atenção de inúmeros analistas e comentadores – *polarização* virou uma palavra quase banal –, ele não é novo nem exclusividade de nosso país. Seja nos Estados Unidos, na Europa ou nos confins da Ásia, sem falar nos nossos vizinhos latino-americanos, trata-se de uma tendência ampla, que também não é inédita: as semelhanças com os anos 1960 saltam à vista. Estes também foram marcados por radicalizações ideológicas à esquerda e à direita, questionamentos à ordem política e aos costumes vigentes, bem como pela busca de formas alternativas de organização social. Sob a égide da Guerra Fria, quando defensores da igualdade e guardiões da liberdade não hesitavam em sacrificar uma e outra no altar da geopolítica, poucos eram aqueles capazes de pensar fora do maniqueísmo geral. Um deles foi o economista Murray Newton Rothbard (1926-1995), uma figura que fugia aos padrões dos "guerreiros frios" de seu tempo.

Em uma passagem de seu livro de memórias, *The Betrayal of the American Right* [*A Traição da Direita Norte-Americana*], Rothbard descreve sua relação com a *National Review*, a principal revista conservadora nos Estados Unidos, nas décadas 1950 e 1960: *"a imagem que* National Review *tinha de mim era a do purista libertário amável, porém utópico, que devia ser mantido confinado estritamente à proposição da economia de* laissez-faire*"*. Mas para falar de temas políticos? Para isso, Rothbard não servia; cabia aos *"ideólogos beligerantes"* da publicação – anticomunistas militantes como o também libertário Frank S. Meyer (1909-1972), o ex-comunista convertido à direita James Burnham (1905-1987) e o editor e fundador da revista, William F. Buckley Jr. (1925-2008), apologista declarado do macarthismo[1] – a *"corajosa*

---

[1] NASH, George H. *The Conservative Intellectual Movement in America since 1945*. New York: Basic Books, 1979. Cap. 4 *passim*.

e realista tarefa de me defender das depredações do comunismo mundial, e me darem o luxo de conceber utopias a respeito de corpos de bombeiros privados". Numa palavra, Rothbard se sentia no papel de um *"castrado"*[2].

E não era para menos. Enquanto Rothbard, um admirador da "Velha Direita" (Old Right) isolacionista de antes da Segunda Guerra Mundial, formada por homens como Garet Garrett (1878-1954) e Frank Chodorov (1887-1966), mantinha-se fiel ao princípio libertário da não agressão e questionava o militarismo crescente da Guerra Fria, seus colegas conservadores não apenas aceitavam a polarização ideológica das superpotências como defendiam uma atitude agressiva na luta contra o "inimigo vermelho". Basta lembrar, por exemplo, que por anos a *National Review* defendeu a estratégia do *rollback*, a conquista de territórios aos comunistas na Europa e outras partes do mundo — na prática, a guerra, como já havia sido tentado (em vão) na Coreia. Rothbard, por outro lado, convenceu-se de que a busca da paz era crucial e de que a única posição viável na política externa americana era *"a ala 'esquerda' do Partido Democrata"*, representada pelo candidato à

---

[2] ROTHBARD, Murray N. *The Betrayal of the American Right.* Auburn: Ludwig von Mises Institute, 2007, p. 172. Disponível em: <https://mises.org/books/betrayal.pdf>

Prefácio à 4ª edição brasileira

presidência Adlai Stevenson (1900-1965)[3]. Isso significava que, enquanto praticamente toda a direita americana sonhava com o triunfo sem concessões do mundo capitalista sobre o comunismo, tendo os Estados Unidos à frente, Rothbard elegeu a paz como prioridade. Em suas palavras, isso o fez, na década 1960, *"pular o muro para um Democratismo emocional de esquerda"*[4].

Curiosamente, essa conversão não significou nenhuma mudança fundamental de princípios. A defesa apaixonada da liberdade individual e do livre mercado, e da paz sob a qual esses elementos pudessem florescer, continuaram as mesmas. Foram as circunstâncias políticas que mudaram. E já que a direita conservadora não se mostrava receptiva às suas ideias, Rothbard, vendo-se como homem "de esquerda", foi buscar novos aliados. Mas o que era a esquerda americana nesse começo dos anos 1960? Os comunistas, decadentes? Os socialistas, inexpressivos? Os *liberals*[5], apoiadores do Estado interventor aos moldes do *New Deal*?

---

[3] Idem. *Ibidem.*, p. 174.

[4] Idem. *Ibidem.*

[5] Nos Estados Unidos, a palavra *"liberal"* tem uma conotação diferente de na Europa ou no Brasil. Em linhas gerais, denota uma pessoa comprometida com a defesa dos direitos e liberdades individuais do liberalismo clássico, e de uma economia democrática capitalista, por um lado, mas que o faz por meio de um Estado

A resposta encontrada por Rothbard foi um movimento recém-nascido: a Nova Esquerda. O termo, popularizado nos EUA pelo sociólogo Charles Wright Mills (1916-1962), denotava uma série de grupos e movimentos reformistas, uns informados pelo marxismo, outros pelo liberalismo moderno ou por tradições radicais americanas. Em comum, a forte ligação com o movimento estudantil e um conjunto de temas e abordagens mais amplos do que a esquerda tradicional, como a alienação e o declínio do espírito de comunidade na sociedade de consumo, a questão racial e a impessoalidade de instituições excessivamente burocratizadas. Na academia, ela se caracterizava por uma disposição crítica à atuação dos Estados Unidos, o que engendrou uma historiografia revisionista que contestava a visão então dominante do país como uma força quase que exclusivamente positiva no mundo. Assim, historiadores como William Appleman Williams (1921-1990), autor de *The Tragedy of American Diplomacy* [*A Tragédia da Diplomacia Norte-Americana*], procuraram demonstrar como os Estados Unidos podiam ser tão impe-

---

regulador nos moldes do *New Deal* de Franklin Delano Roosevelt (1882-1945). Essa corrente também é às vezes chamada de liberalismo social ou liberalismo moderno (em contraste com o "clássico" do século XIX). Ver: RYAN, Allan. *The Making of Modern Liberalism*. Princeton: Princeton University Press, 2012. Também útil é: MERQUIOR, José Guilherme. *O Liberalismo Antigo e Moderno*. Rio de Janeiro: Nova Fronteira, 1991.

rialistas e opressores no trato com as nações mais fracas quanto seu rival soviético.[6] Quando a Guerra do Vietnã começou de fato, em 1965, foi esse tipo de crítica influenciou as principais lideranças do movimento antiguerra, praticamente iniciado pela maior organização da Nova Esquerda estudantil, a Students for a Democratic Society (SDS)[7].

Desse contato com a Nova Esquerda, Rothbard tentou construir uma aliança eclética e abrangente não apenas contra a guerra em si, mas também contra o Estado que a fomentava e dela se nutria à custa dos direitos dos cidadãos. Nesse espírito, fundou no mesmo ano de 1965 a revista *Left and Right*, da qual o presente texto, "Esquerda e Direita: Perspectivas para a Liberdade", foi o primeiro editorial. Mais de 50 anos depois, ele ainda é relevante.

A tese central do texto é que a posição dos libertários no espectro político americano (e também no brasileiro?) está *errada*. Identificados com a direita, vistos como uma ala do movimento conservador, *"mais forte na aparência e supostamente um aliado"*, os libertários eram vítimas de uma visão his-

---

[6] MATTSON, Kevin. *Intellectuals in Action: The Origins of the New Left and Radical Liberalism*. University Park: Pennsylvania State University Press, 2002. Cap. 4 *passim*.

[7] SOUSA, Rodrigo Farias de. *A Nova Esquerda americana: de Port Huron aos Weathermen, 1960-1969*. Rio de Janeiro: FGV, 2009. p. 206.

tórica equivocada. Seu lugar real, conforme os seus princípios e sua trajetória ao longo da história do pensamento liberal, era na *esquerda*, isto é, na *oposição ao status quo*, ainda pleno de ameaças à liberdade e ao pleno desenvolvimento humano. Dito de outra forma, os libertários deveriam se voltar contra os conservadores aos quais se haviam aliado: *"Em sua modalidade norte-americana atual, o recente ressurgimento conservador do início da década de 1960 representou os últimos estertores de uma América anglo-saxônica, branca, de pequenas cidades, rural e fundamentalista"*, ou seja, *"uma América irreversivelmente moribunda"*[8]. Engajado numa eterna luta de retaguarda contra os avanços da liberdade, seja na declinante América WASP ou, de forma mais ampla, no mundo dos últimos dois séculos, o conservadorismo se agarrava a resultados eleitorais imediatos, a políticas de curto prazo. Enquanto isso, os libertários, mesmo sem se darem conta, estariam como que a favor da corrente da história, representada pelas vitórias das grandes revoluções liberais, como a Inglesa, a Americana e a Francesa, sobre a "Velha Ordem" representada pela antiga sociedade de *status*, militarista e injusta, em suas diversas versões, desde o feudalismo europeu aos despotismos orientais, onde as massas eram privadas da liberdade e da partici-

---

[8] Na presente edição, ver: "Otimismo e Pessimismo", p. 34.

pação política efetiva. Mesmo os aparentes avanços dos regimes autoritários, como o comunismo, não deveriam despertar o pavor típico da direita anticomunista: afinal, como um todo, não apenas a maior parte do mundo avançava para uma maior liberdade, como o estatismo de países como a URSS, cheio de contradições intrínsecas, cedo ou tarde os condenaria ao colapso.

Para justificar esse reposicionamento ideológico dos libertários, Rothbard traça um panorama histórico das ideias liberais, relembrando o radicalismo que elas representavam frente à Velha Ordem. Toma como modelo Lorde Acton (1834-1902), *"uma das poucas figuras da história do pensamento que se foi tornando encantadoramente mais radical à medida que se tornava mais idoso"*, para quem *"o liberalismo deseja aquilo que deve ser, sem levar em conta o que é"*[9]. Mas Acton era uma exceção; de modo geral, diz Rothbard, a própria vitória (parcial, bem entendido) do liberalismo levou à diminuição do seu lado radical e à sua transformação numa *"mera defesa do insípido e falho status quo"*. Dois grandes fatores se destacam aí: o abandono da teoria dos direitos naturais e da lei maior, que permitia uma crítica ao sistema em vigor a partir de um critério externo; e o

---

[9] Na presente edição, ver: "Ascenção e declínio do liberalismo", p. 42.

darwinismo social, que contrapunha ao radicalismo dos liberais uma ideia de evolução social infinitamente lenta e gradual, de *"lentes pacíficas e róseas"*[10]. De credo combativo que era, o liberalismo se teria tornado uma doutrina apenas reativa e tediosa, fraca ao ponto de se contaminar com ideias externas e contraditórias a ele, como o imperialismo então em voga.

Com os liberais deixando de representar o partido da esperança, coube a um "parente" seu ocupar essa posição: o socialismo. Ocupando uma posição intermediária entre o forte compromisso libertário do liberalismo clássico e a negação da liberdade representada pelos conservadores, o socialismo, todavia, acabou também se tornando refém de contradições. Por exemplo, como o coletivo poderia abolir o Estado opressor e a propriedade privada dos meios de produção, sem se tornar ele próprio um novo Estado tirânico? No fim, os socialistas acabariam buscando *fins* liberais com *meios* conservadores. Isso pode ser visto no caso da "maioria dos socialistas (fabianos, lassallianos e até marxistas)", que marcharam para o que Rothbard chama de "direita", ou seja, o conservadorismo estatista e antilibertário.

---

[10] Na presente edição, ver: "Ascenção e declínio do liberalismo", p. 44.

Prefácio à 4ª edição brasileira

Porque também o conservadorismo, por sua vez, reformara-se e reaglutinara-se para tentar enfrentar o sistema industrial moderno, e convertera-se num mercantilismo renovado, um regime de estatismo caracterizado pela cessão pelo Estado de privilégios de monopólio (sob formas diretas e indiretas) a capitalistas protegidos e a proprietários de terra quase feudais. A semelhança entre o socialismo de direita e o novo conservantismo tornou-se bastante estreita, o primeiro defendendo programas similares aos do último, mas com um demagógico verniz populista[11].

Dessa forma, numa surpreendente virada dos acontecimentos, essa modalidade de socialismo acabou defendendo medidas similares às dos regimes abertamente conservadores como o da Alemanha bismarckiana. Benefícios sociais eram concedidos, mas para manter uma ordem social conservadora e não raro imperialista, em que o Estado perdurava, ainda que sob a forma de uma economia mista a combinar programas previdenciários e o neomercantilismo. Os Estados Unidos não foram exceção: baseado na obra do historiador neoesquerdista Gabriel

---

[11] Na presente edição, ver: "Ascenção e declínio do socialismo", p. 54.

Kolko (1932-2014)[12], Rothbard afirma que o Estado interventor americano não teria nascido com o *New Deal*, mas sim duas décadas antes, na chamada Era Progressista. E isso teria se dado, diz ele, não por uma imposição de socialistas e comunistas, mas pelo interesse dos grandes empresários na proteção estatal contra o *laissez-faire*. Teriam sido eles, e não os militantes socialistas, os grandes responsáveis pelo recuo do livre mercado no Estados Unidos. Dessa forma, a narrativa conservadora (e também libertária) de que Franklin Delano Roosevelt (1882-1945) era o grande vilão estatista da moderna história americana, em contraposição a, digamos, um Herbert Hoover (1874-1964) ou um Calvin Coolidge (1872-1933) liberais, seria um mito. O *New Deal*, diz Rothbard, foi somente uma expansão de medidas delineadas desde bem antes, com a cumplicidade da elite econômica americana – coisa que, curiosamente, apenas os marxistas-leninistas da época tinham percebido, ao denunciarem (com acerto, para Rothbard) o *New Deal* como um fascismo à americana.

Se os liberais e socialistas do século XIX se afastaram de seus princípios originais, os libertários do século XX estariam em melhor condição? Para Rothbard, não. Ele cita o exemplo de H. L. Menc-

---

[12] KOLKO, Gabriel. *The Triumph of Conservatism*. New York: Free Press, 1977. (Originalmente publicada em 1963).

ken (1880-1956) e Albert Jay Nock (1870-1945), dois membros proeminentes da Velha Direita que se tornaram ícones para muitos conservadores do pós-1945. Embora ambos tivessem dado uma *"sólida contribuição"* para a causa da liberdade[13], deixaram-se levar pelo pessimismo e não se tornaram líderes de um movimento libertário – erro que "é o primeiro passo descendente na escorregadia ladeira que leva ao conservantismo". E preocupados com o combate ao grande inimigo comum, o *New Deal*, aliaram-se a vários grupos realmente de direita, acabando por se acomodarem à posição de conservadores e deixando para trás a visão do liberalismo clássico como um movimento de contestação e idealismo. Os *"libertários modernos esqueceram (ou jamais compreenderam) que a oposição à guerra e ao militarismo fora, desde sempre, uma tradição da esquerda que abrangera os libertários"*[14]. Ao fim da Segunda Guerra Mundial, estavam todos identificados com a direita do espectro político, seguindo os conservadores na apologia da guerra total e perdendo sua identidade tradicional.

O que fazer? Rothbard enfatiza duas coisas. A primeira é rejeitar o pessimismo. Afinal de contas, já há alguns séculos as revoluções liberais tinham mos-

---

[13] Na presente edição, ver: "A resposta libertária", p. 83.

[14] Na presente edição, ver: "A resposta libertária", p. 85.

trado ao mundo inteiro que era possível derrubar a opressão da Velha Ordem, o que por séculos nem se imaginava.

O libertário moderno esqueceu que o liberal dos séculos XVII e XVIII enfrentou desvantagens muito mais esmagadoras que aquelas com que ele hoje se defronta [...]. E, contudo, o liberalismo daquele tempo não se contentava em permanecer um partido insignificante e obscuro; ao contrário, uniu teoria e ação. O liberalismo nasceu e desenvolveu-se como uma ideologia, e, orientando e guiando as massas, fez a revolução que mudou o destino do mundo[15].

Por último, restaria a retificação do posicionamento libertário no espectro político. Era preciso identificar os aliados e inimigos naturais da liberdade, sabendo que toda defesa reacionária da Velha Ordem era, no longo prazo, fútil. E assim, otimista quanto aos resultados *finais* da luta, ainda que distantes no momento, Rothbard faz também um alerta, bem no espírito da esquerda da década de 1960: a liberdade não triunfará apenas com a formação de intelectuais e a pregação de ideias entre formadores de opinião; trata-se também de uma questão de *poder*. É *"uma lei da história o fato de que jamais uma*

---

[15] Na presente edição, ver: "A importância do otimismo", p. 98.

classe dominante abriu mão voluntariamente do seu poder"[16]. Seria uma nova revolução à vista?

Olhando em retrospecto, está claro que o clamor de Rothbard não foi devidamente ouvido. As aspirações mais imediatas da Nova Esquerda americana foram frustradas pela eleição de Richard Nixon (1913-1994) em 1968, a continuidade do intervencionismo militar americano no exterior e a escalada da repressão governamental no plano doméstico, bem como a degeneração de alguns de seus grupos mais importantes, seduzidos pelo marxismo autoritário. O "conservantismo" norte-americano – tendo os libertários como um de seus componentes – seguiu sua escalada rumo ao poder, primeiro com a vitória de Ronald Reagan (1911-2004) em 1980 e depois com a conquista ideológica do Partido Republicano, que pendeu cada vez mais para a direita ao custo da alienação de seus quadros mais moderados[17]. Na América Latina, a aliança de grupos liberais com as ditaduras militares, aliás apoiadas pelos Estados Unidos, se tornou fato comum na política regional, enquanto as esquerdas – não raro admiradoras da "democracia" da Revolução Cubana – eram massa-

---

[16] Na presente edição, ver: "A importância do otimismo", p. 100.

[17] Ver: KABASERVICE, Geoffrey. *Rule and Ruin: The Downfall of Moderation and the Destruction of the Republican Party, From Eisenhower to the Tea Party*. Oxford: Oxford University Press, 2013.

cradas, exiladas ou censuradas. No Brasil de hoje, em particular, quando discursos de Guerra Fria contaminam o discurso político apesar dos 30 anos da queda do Muro de Berlim, as crises sucessivas dos últimos anos têm tornado o ambiente político pouco propício a alianças amplas entre os elementos democráticos dos quadrantes ideológicos. Rotulagem demonizante, *fake news*, sectarismo e demagogia – potencializados pelo alcance das redes sociais – têm se tornado o "feijão-com-arroz" tanto de políticos já estabelecidos quanto de ativistas ideológicos em busca de projeção.

A provocação de Rothbard, no entanto, persiste: a liberdade e a paz não podem pesar mais do que rótulos e diferenças sectárias? Essa questão de fundo, aqui apresentada com a verve de um pensador peculiar, já vale uma leitura atenta.

Apresentação à edição norte-americana de 1979

Os libertários, habituados à estimulante liderança intelectual de Murray N. Rothbard, talvez não se lembrem de que ele foi também um dos primeiros a desenvolver o pensamento libertário. Como fundador e editor-chefe da revista *Left and Right*, contribuiu para desvincular esse movimento de sua associação popular e acadêmica com a opinião de direita. Para sua vergonha, os intelectuais norte-americanos – sobretudo após o *New Deal* – procuraram obliterar a identificação histórica entre liberalismo e oposição à usurpação das liberdades e dos direitos do indivíduo pelo governo. Mais ainda, esqueceram que o antiestatismo e o antimilitarismo sempre fizeram parte do liberalismo histórico. Muitos valores liberais tradicionais caíram, assim, nas mãos dos conservadores, que interpretaram a liberdade de acordo com sua própria posição privilegiada dentro do moderno Estado previdenciário-militarista. Tudo isso foi denunciado por Rothbard e seus companheiros nos incisivos artigos que publicaram em *Left and Right*, encabeçados pelo texto inicial, escrito pelo próprio Rothbard no primeiro número da revista, na primavera de 1965.

É, pois, um prazer colocar ao alcance de novos leitores o clássico ensaio de Rothbard, "Left, and Right: The Prospects for Liberty" [Esquerda e Direita: Perspectivas para a Liberdade]. O autor constrói a cena situando com precisão o conservantismo no plano de fundo do *Ancien régime*. Essa era a Velha Ordem do feudalismo, da "sociedade de *status*" de Henry James Sumner Maine (1822-1888) e da "sociedade militar" de Herbert Spencer (1820-1903). Sob a influência do Iluminismo do século XVIII e das revoluções ocorridas na Inglaterra, nos Estados Unidos e na França, bem como na Revolução Industrial, a humanidade desvencilhou-se dos grilhões do Estado absoluto e da Igreja. *"A Velha Ordem foi, e ainda é, o grande e poderoso inimigo da liberdade"*, escreve Rothbard. Por um breve espaço de tempo, porém, no século XIX, o liberalismo *"trouxe para o Ocidente não apenas a liberdade, a perspectiva da paz e os padrões de vida ascendentes de uma sociedade industrial, mas, talvez acima de tudo, trouxe esperança, a esperança num progresso cada vez maior, que tirou a maior parte da humanidade de sua*

Apresentação à edição norte-americana de 1979

imemorial fossa de estagnação e desesperança". Rothbard insere, portanto, o liberalismo na grande tradição radical da esperança e da liberdade, em oposição à avaliação pessimista da natureza do homem e de suas perspectivas, própria do conservantismo.

O declínio do liberalismo começou, afirma Rothbard, quando *"os direitos naturais e a teoria da 'lei maior' foram deixados de lado em favor do utilitarismo"*, e com o *"evolucionismo, ou darwinismo social, que desferiu o golpe final sobre o liberalismo como força radical na sociedade"*. O socialismo, que tomou o lugar do liberalismo radical como o partido "da esquerda", logo se viu presa de uma contradição interna. Em vez de ter o Estado desaparecido ou definhado aos poucos, como postularam, respectivamente, Mikhail Bakunin (1814-1876) e Karl Marx (1818-1883), o coletivismo tornou-se ele próprio um gigantesco Estado. Além disso, como os historiadores há muito o reconheceram, os socialistas de direita (os fabianos na Inglaterra, por exemplo) apoiaram o imperialismo, enquanto os partidos social-democráticos da Europa, abandonando seu pacifismo, tomaram posição ao lado do Estado e da nação por ocasião da Primeira Guerra Mundial.

Embora ambos tenham assumido na prática um caráter indubitavelmente estatista e totalitário, Rothbard estabelece uma distinção entre o radicalismo revolucionário original dos soviéticos e o coletivismo contrarrevolucionário de direita do fascismo. Quando os oponentes conservadores do programa coletivista do *New Deal* o associaram a conspiradores de esquerda, destaca Rothbard, surgiu da parte de "alguns libertários a enorme tentação de perseguir o comunismo". Mas o *New Deal*, afirma ele, foi essencialmente um movimento conservador, herdeiro daquele tipo de progressismo conservador que Gabriel Kolko (1932-2004) e outros associaram ao período de Theodore Roosevelt (1858-1919) e Woodrow Wilson (1856-1924). Libertários como H. L. Mencken (1880-1956) e Albert Jay Nock (1870-1945) uniram-se a liberais do velho estilo, ou a conservadores, na oposição à administração de Franklin Delano Roosevelt (1882-1945), que se teria tornado demasiado coletivista para seu gosto – uma administração que estava também voltada para a guerra. Além disso, em contraste com o lugar que ocupavam no espectro ideológico durante outras guerras travadas pelos Estados Unidos no século XX, as forças pacifistas e isolacionistas foram dessa vez identificadas com a "direita". Entretanto, quando, depois da Segunda Guerra Mundial, os conservadores voltaram a ser favoráveis à guerra total sob a forma da guerra fria, os libertários num primeiro momento os acompanharam. Nas palavras de Rothbard, *"os liberais tinham perdido completamente sua identidade e suas diretrizes ideológicas tradicionais"*.

A partir dessa confusão, posta em realce pela Guerra do Vietnã, os libertários retornaram ao pa-

Apresentação à edição norte-americana de 1979

cifismo e ao antiestatismo históricos, característicos da tradição liberal. O ensaio de Rothbard, escrito em 1965, ajudou a indicar o caminho; combateu também a noção liberal modernista, tão popular entre a "Velha Esquerda", de que liberdade política e liberdade econômica pertencem a campos distintos. Somente a liberdade, e somente um mercado livre, como afirma Rothbard, *"podem organizar e manter um sistema industrial"*. Em vez de um planejamento coletivista, a própria complexidade do sistema industrial moderno – acima da capacidade de compreensão e de gestão de qualquer grupo de planejadores – exige a disciplina automática do *laissez-faire* e do mercado livre. Os países comunistas veem-se hoje forçados a dessocializar suas economias de escassez e de ineficácia, justamente quando emerge uma geração mais jovem de libertários da Nova Esquerda para questionar as velhas platitudes do Estado previdenciário-militarista. Por tudo isso, Rothbard mostra-se confiante em que, *"embora as perspectivas a curto prazo para a liberdade nos Estados Unidos e no exterior possam parecer sombrias, a atitude adequada ao libertário é a de um inextinguível otimismo quanto aos resultados finais"*.

Arthur A. Ekirch, Jr.
Novembro de 1978
Albany, Nova York

ESQUERDA E DIREITA

Capítulo 1
Otimismo e Pessimismo

Por muito tempo os conservadores se caracterizaram, quer o soubessem ou não, pelo pessimismo quanto às suas perspectivas a longo prazo, pela convicção de que a tendência política em longo prazo e, portanto, o próprio tempo está contra eles. A tendência inevitável apontaria, portanto, para o estatismo de esquerda nos Estados Unidos e para o comunismo no exterior. É essa desesperança quanto ao futuro distante que explica o otimismo sem dúvida bizarro do conservador em relação ao futuro próximo; uma vez que abdica do futuro remoto como sem esperanças, o conservador sente que sua única possibilidade de êxito está no momento presente. No plano das relações externas, esse ponto de vista o impele a confrontos temerários com o comunismo, convencido que está de que, quanto mais tempo esperar, piores se tornarão, inelutavelmente, as coisas; no plano interno, leva-o à total concentração nas eleições mais próximas, em que está sempre à espera de uma vitória que jamais alcança. Quintessência do "homem prático", e tomado pela desesperança em face do porvir, o conservador se recusa a pensar ou planejar para além do dia das eleições.

Mas é precisamente a um prognóstico pessimista, tanto no que se refere ao futuro próximo quanto em relação ao mais distante, que o conservantismo faz jus; pois, sendo um remanescente moribundo do *Ancien régime* da era pré-industrial, não tem *mesmo* futuro. Em sua modalidade norte-americana atual, o recente ressurgimento conservador do início da década de 1960 representou os últimos estertores de uma América anglo-saxônica, branca, de pequenas cidades, rural e fundamentalista, América irreversivelmente moribunda. Que dizer, no entanto, sobre as perspectivas para a *liberdade*? Um número excessivo de libertários vincula de modo errôneo o prognóstico da liberdade ao do movimento conservador, mais forte na aparência e supostamente um aliado; essa vinculação torna fácil compreender o pessimismo característico do libertário moderno quanto ao futuro a longo prazo. Este texto sustenta, contudo, que, embora as perspectivas em curto prazo para a liberdade nos Estados Unidos e no exterior possam parecer sombrias, a atitude adequada ao libertário é a de inextinguível otimismo quanto aos resultados finais.

Capítulo 2
A derrocada da velha ordem

A justificativa dessa afirmação repousa numa determinada concepção da história segundo a qual existiu na Europa Ocidental, antes do século XVIII (e continua a existir fora do Ocidente), uma Velha Ordem que, quer tenha assumido a forma do feudalismo ou do despotismo oriental, caracterizou-se pela tirania, pela exploração, pela estagnação, pelas castas estanques, pela desesperança e pela fome para a maior parte do povo. Em suma, a vida era *"sórdida, brutal e curta"*[1];

---

[1] O trecho em questão é uma citação do filósofo inglês Thomas Hobbes (1588-1679), que ao descrever o chamado "Estado de natureza", no capítulo XIII (Sobre a condição natural da humanidade relativamente à sua felicidade e miséria) da obra *Leviatã*, de 1651, afirma que a vida humana nesta condição, anterior ao estabelecimento de autoridades governamentais, é *"solitária, miserável, sórdida, brutal e curta"*. Ver: HOBBES, Thomas. *Leviatã: Ou*

era a *"sociedade do status"*[2] de Henry James Sumner Maine (1822-1888) e a *"sociedade militar"*[3] de Herbert Spencer (1820-1903). As classes ou castas dominantes governavam pela conquista, e persuadindo as massas do pretenso *imprimatur* divino conferido a seu poder.

A Velha Ordem foi, e ainda é, o grande e poderoso inimigo da liberdade; foi particularmente poderoso no passado, porque não existia então a ideia da inevitabilidade de sua derrocada. Quando consideramos que a Velha Ordem havia existido em seus fundamentos desde os primórdios da história – em todas as civilizações –, podemos dimensionar melhor ainda a glória e a magnitude do triunfo obtido pela revolução liberal do século XVIII e de épocas próximas a ele.

As dimensões dessa luta foram em parte obscurecidas por um grande mito da história da Europa Ocidental, implantado por historiadores alemães antiliberais do final do século XIX. Esse mito afirma que o desenvolvimento de monarquias absolutas e do

---

Matéria, Forma e Poder de um Estado Eclesiástico e Civil. Trad. João Paulo Monteiro e Maria Nizza da Silva. São Paulo: Martins Fontes, 2003. p. 109. (N. E.)

[2] MAINE, Henry James Sumner. *Ancient Law, Its Connection with the Early History of Society, and Its Relation to Modern Ideas*. London: John Murray, 1861. (N. E.)

[3] SPENCER, Herbert. *The Principles of Sociology*. New York: D. Appleton and Company, 1898. 3 vol. (N. E.)

mercantilismo, no início da era moderna, foi necessário para o avanço do capitalismo, visto que ambos serviram para livrar os comerciantes e o povo das restrições feudais de caráter local.

Na verdade, não foi esse absolutamente o caso; o rei e seu Estado-nação funcionaram antes como um suserano superfeudal, reimpondo e reforçando o feudalismo, no momento em que ele vinha sendo dissolvido pelo desenvolvimento pacífico da economia de mercado. O rei superpôs suas próprias restrições e privilégios de monopólio aos do regime feudal. Os monarcas absolutos representaram a Velha Ordem em ponto maior, e ainda mais despótica do que antes. De fato, o capitalismo floresceu mais cedo e com maior eficácia precisamente onde o Estado central era fraco ou inexistente: nas cidades italianas, na Liga Hanseática, na confederação da Holanda no século XVII.

Por fim, a Velha Ordem foi derrubada, ou teve seu domínio severamente abalado, de duas maneiras. Uma delas foi a expansão da indústria e do comércio por entre os interstícios da ordem feudal (a indústria na Inglaterra, por exemplo, desenvolveu-se nas regiões rurais, fora do alcance das restrições feudais, do Estado e da guilda). Uma série de revoluções cataclísmicas porém, constituiu elemento mais importante para a desarticulação da Velha Ordem e das classes dominantes tradicionais: as revoluções inglesas do século XVII, a Revolução Norte-Americana e a Revolução Francesa – todas elas necessárias para abrir caminho à Revolução Industrial e a vitórias, pelo menos parciais, da liberdade individual, do *laissez-faire*, da separação entre a Igreja e o Estado e da paz internacional. A sociedade do *status* deu lugar, pelo menos em parte, à "sociedade do contrato"; a sociedade militar foi parcialmente substituída pela "sociedade industrial". A grande maioria do povo obteve então uma mobilidade de trabalho e de residência e uma elevação crescente de seus padrões de vida com que dificilmente teria ousado sonhar. De fato, o liberalismo trouxe para o Ocidente não apenas a liberdade, a perspectiva da paz e os padrões de vida ascendentes de uma sociedade industrial, mas, talvez acima de tudo, trouxe esperança, a esperança num progresso cada vez maior, que tirou a maior parte da humanidade de sua imemorial fossa de estagnação e desesperança.

Capítulo 3
Ascensão e declínio do liberalismo

Logo tomaram corpo na Europa ocidental duas grandes ideologias políticas, centradas nesse novo fenômeno revolucionário. Uma delas foi o liberalismo, o partido da esperança, do radicalismo, da liberdade, da Revolução Industrial, do progresso, da humanidade; a outra foi o conservantismo, o partido da reação, o partido que almejava restaurar a hierarquia, o estatismo, a teocracia, a servidão e a exploração de classe próprios da Velha Ordem. Uma vez que a razão estava manifestamente do lado do liberalismo, os conservadores turvaram a atmosfera ideológica apelando para o romantismo, a tradição, a teocracia e o irracionalismo. As ideologias políticas se polarizaram, com o liberalismo na "extrema-esquerda" e o conservantismo na "extrema-direita" do espectro ideológico. O fato de o liberalismo genuíno ser em essência radical e revolucionário foi brilhantemente apreendido, no período de declínio de seu impacto, pelo grande Lorde Acton (1834-1902) – uma das poucas figuras da história do pensamento que se foi tornando encantadoramente mais radical à medida que ficava mais idoso. Acton escreveu que *"o liberalismo deseja aquilo que deve ser, sem levar em conta o que é"*. Foi Acton, diga-se de passagem, e não Leon Trotsky (1879-1940), quem primeiro chegou, partindo desse ponto de vista, ao conceito de "revolução permanente". Como observou Gertrude Himmelfarb em seu excelente estudo sobre Acton:

> [...] Sua filosofia desenvolve(u)-se até o ponto em que o futuro era visto como inimigo declarado do passado, e que não se concedia ao passado qualquer autoridade, exceto na medida em que estivesse de acordo com a moralidade. Tomar a sério essa teoria liberal da história, dar precedência a *"aquilo que deve ser"* sobre *"o que é"*, significava virtualmente, ele o admitia, instaurar uma *"revolução permanente"*.
>
> A *"revolução permanente"*, à qual Acton aludiu na conferência inaugural e conforme admitiu abertamente em suas notas, era a culminância da sua filosofia da história e da sua teoria da política [...]. Essa concepção da consciência segundo a qual os homens trazem consigo o conhecimento do bem e do mal é

a raiz mesma da revolução, porque destrói a santidade do passado [...]. *"O liberalismo é em essência revolucionário"*, observou Acton. *"Os fatos devem render-se às ideias. Pacífica e pacientemente, se possível for. Pela violência, se não"*[4].

O liberal, escreveu Acton, ultrapassou em muito o *whig*:

> O *whig* governava por meio do compromisso. O liberal inaugura o primado das ideias... Um é utilitário, gradativo, pronto para o acordo. O outro empenha-se em pôr em prática, filosoficamente, um princípio. Um é um programa de ação visando a uma filosofia. O outro é uma filosofia à procura de um plano de ação[5].

Que aconteceu ao liberalismo? Por que declinou ao longo do século XIX? Muitas vezes se refletiu sobre a questão, mas a razão básica desse declínio talvez tenha sido uma deterioração interna dos próprios órgãos vitais do liberalismo. Afinal, sendo a revolução liberal parcialmente bem-sucedida no Ocidente, os liberais foram cada vez mais deixando de lado seu

---

[4] HIMMELFARB, Gertrude. *Lord Acton*. Chicago: University of Chicago Press, 1962. p. 204-05.

[5] Idem. *Ibidem.*, p. 209.

fervor radical e, em consequência, suas metas tradicionais, para se contentar com uma mera defesa do insípido e falho *status quo*. É possível discernir duas causas de origem filosófica dessa decadência. A primeira é o abandono da teoria dos direitos naturais e da "lei maior" em favor do utilitarismo, já que apenas formas da teoria da lei maior ou da lei natural podem proporcionar uma base radical, fora do sistema existente, a partir da qual se pode contestar o *status quo*; e somente tal teoria fornece o sentido de imediação necessário à luta libertária, na medida em que se concentra na importância vital de levar os governantes criminosos de hoje ao tribunal de justiça. Os utilitaristas, por outro lado, ao trocar a justiça pelo oportunismo, abandonam ao mesmo tempo a instantaneidade em prol de uma plácida estagnação, e terminam, inevitavelmente, como apologistas, na prática, da ordem vigente.

A segunda grande influência filosófica sobre o declínio do liberalismo foi o evolucionismo, ou darwinismo social, que desferiu o golpe final sobre essa doutrina como força radical na sociedade. O darwinista social contemplou a história e a sociedade de maneira distorcida, através das lentes pacíficas e róseas da evolução social infinitamente lenta, infinitamente gradual. Ignorando o fato básico de que jamais na história uma casta dominante abriu mão de seu poder de forma voluntária e que, por conseguinte, o liberalismo teria de abrir caminho por meio de uma série de revoluções, os darwinistas sociais puseram-se a esperar com placidez e alegria que se passassem os milhares de anos de uma evolução infinitamente gradual rumo à etapa seguinte, e supostamente inevitável, do individualismo.

Um exemplo interessante de pensador que é a própria personificação do declínio do liberalismo no século XIX é Herbert Spencer. Spencer começou como um liberal bastante radical; virtualmente, de fato, um autêntico libertário. Mas, à medida que o vírus da sociologia e do darwinismo social tomaram conta de seu espírito, deixou de lado o libertarianismo como movimento histórico dinâmico, embora sem abandoná-lo, de início no plano da teoria pura. Em resumo, enquanto aguardava um ideal eventual de liberdade absoluta, Spencer começou a considerar inevitável a vitória desse ideal, mas somente após milênios de evolução gradativa. Assim, na verdade, afastou-se do liberalismo na qualidade de credo combativo e radical e confinou seu liberalismo, na prática, aos limites de uma enfadonha ação de retaguarda contra o crescente coletivismo do final do século XIX. De maneira bastante interessante, o fatigado desvio "à direita" de Spencer no plano da estratégia logo se converteu num desvio à direita também no plano teórico, de tal modo que ele veio a abandonar a liberdade absoluta mesmo em teoria, chegando a repudiar, por exemplo, o famoso capítulo de sua obra *Social Statics* [*Estatísticas Sociais*]: "The Right to Ignore the State" [O Direito de Ignorar o Estado][6].

Na Inglaterra, os liberais clássicos principiaram sua guinada do radicalismo para o quase conservantismo no começo do século XIX; essa mudança pôde ser avaliada pela posição que os liberais ingleses em geral assumiram em relação à luta de libertação nacional travada pela Irlanda. Era uma luta dupla: contra o imperialismo político inglês e contra o sistema feudal de arrendamento da terra imposto por esse imperialismo. A cegueira *tory* dos liberais ingleses (entre os quais Spencer) ante a pressão irlandesa pela independência nacional, e sobretudo pela posse da terra pelo camponês, em contraposição à opressão feudal, simbolizou o abandono de fato do liberalismo genuíno, virtualmente nascido numa luta contra o sistema agrário feudal. Apenas nos Estados Unidos, a grande pátria do liberalismo radical (onde o feudalismo jamais pudera lançar raízes fora do Sul), a teoria dos direitos naturais e da lei maior, e os movimentos liberais radicais daí decorrentes, continuaram em proeminência até meados do século XIX. Os mo-

---

[6] SPENCER, Herbert. "The Right to Ignore the State". *In*: *Social Statics: Or, The Conditions Essential to Happiness Specified, and the First of them Developed*. London: John Chapman, 1851. p. 206-16. (N. E.)

vimentos jacksoniano e abolicionista foram, cada um a seu modo, os últimos movimentos libertários radicais vigorosos na vida norte-americana[7].

---

[7] Ver: BECKER, Carl L. *The Declaration of Independence: A Study on the History of Political Ideas*. New York: Vintage Books, 1958. Cap. 6.

Capítulo 4
Ascenção e declínio do socialismo

Assim, com o liberalismo relegado dentro de suas próprias fileiras, já não havia um partido da esperança no mundo ocidental, nenhum movimento de "esquerda" para levar à frente uma luta contra o Estado e contra os remanescentes ainda intactos da Velha Ordem. Nessa brecha, nessa lacuna criada pelo esvaziamento do liberalismo radical, introduziu-se um novo movimento: o socialismo. Os libertários de hoje estão habituados a pensar no socialismo como diametralmente oposto ao credo libertário. Mas esse é um grave equívoco, responsável por séria desorientação ideológica dos libertários no mundo atual. Como vimos, o conservantismo era o oposto absoluto da liberdade, e o socialismo, embora à "esquerda" do conservantismo, era essencialmente um movimento confuso, de cunho intermediário. Era de cunho intermediário, e ainda é, por tentar alcançar fins liberais pelo uso de meios conservadores.

Em suma, Russell Kirk (1918-1994), para quem o socialismo foi o herdeiro do liberalismo clássico[8], e Ronald Hamowy (1937-2012), que o vê como herdeiro do conservadorismo[9], estão ambos certos, dependendo de que aspecto desse confuso movimento centrista estejamos focalizando. À semelhança do liberalismo, e em oposição ao conservantismo, o socialismo aceitou o sistema industrial e as *metas* liberais de liberdade, razão, mobilidade, progresso, padrões de vida mais elevados para o povo, e um basta à tecnocracia e à guerra; mas tentou chegar a esses fins utilizando meios conservadores, incompatíveis com eles: estatismo, planejamento centralizado, comunitarismo etc. Ou, antes, para ser mais preciso, houve desde o início duas

---

[8] KIRK, Russell. *The Conservative Mind: From Burke to Eliot*. Intr. Henry Regnery. Washington D.C.: Regnery Publishing, 7ª ed. rev., 1986. Ver, também: KIRK, Russell. "The Dissolution of Liberalism". In: *Beyond the Dreams of Avarice: Essays of a Social Critic*. Peru: Sherwood Sugden & Company, Revised Edition, 1991. p. 32-42. (N. E.)

[9] HAMOWY, Ronald. "National Review: Criticism". *New Individualist Review*, Volume 1, Number 3 (November 1961): 3-7. (N. E.)

tendências dentro do socialismo. Uma era a corrente de direita, autoritária, desenvolvida a partir de Claude-Henri de Rouvroy (1760-1825), o conde de Saint-Simon, que glorificava o estatismo, a hierarquia e o coletivismo, sendo, portanto, um prolongamento do conservantismo, e empenhando-se em adaptar-se à nova civilização industrial e em dominá-la. A outra era a corrente de esquerda, relativamente liberal, representada em suas diferentes modalidades por Karl Marx (1818-1883) e Mikhail Bakunin (1814-1876), revolucionária, muito mais interessada na consecução das metas libertárias do liberalismo e do socialismo e, sobretudo, na destruição do aparelho de Estado, de modo a chegar ao *"definhamento do Estado"*[10] e ao *"fim da exploração do homem pelo homem"*[11].

---

[10] A expressão não aparece nos escritos de Karl Marx, tendo sido cunhada por Friedrich Engels no livro *Anti-Dühring*, de 1878, e sendo novamente empregada pelo mesmo autor na obra *Der Ursprung der Familie, des Privateigenthums und des Staats* [*A Origem da Família, da Propriedade Privada e do Estado*], de 1884. O termo foi popularizado por Vladimir Lenin, que o utilizou como parte do título do Capítulo V [As Condições Econômicas do Definhamento do Estado] do trabalho Государство и революция [*O Estado e a Revolução*], publicado originalmente em russo no ano de 1917. (N. E.)

[11] Esta ideia de origem rousseauniana é recorrente no marxismo, aparecendo tanto em escritos do próprio Karl Marx como, por exemplo, em *Manifest der Kommunistischen Partei* [*Manifesto do Partido Comunista*], de 1848, *Das Kapital* [*O Capital*], de 1867,

Curiosamente, a frase do próprio Marx, a *"substituição do governo de homens pela administração de coisas"*[12], pode ter sua origem reconstituída, por uma via tortuosa, a partir dos grandes liberais radicais franceses do *laissez-faire*, do início do século XIX: Charles Comte (1782-1837) – nenhuma relação com Auguste Comte (1798-1857) – e Charles Dunoyer (1786-1862). E o mesmo pode ser feito com o conceito de *"luta de classes"*. Com a diferença de que, para Dunoyer e Comte, as classes inerentemente antitéticas eram não empresários *versus* operários, mas aqueles que têm função produtiva na sociedade (abrangendo livres-empresários, operários, camponeses etc.) *versus* as classes exploradoras que constituíam o aparelho estatal e eram por ele privilegiadas[13].

---

e *Kritik des Gothaer Programms* [*Crítica do Programa de Gotha*], de 1875, quanto em obras de diversos outros autores marxistas. (N. E.)

[12] A frase aparece no já citado livro *Anti-Dühring*, de Friedrich Engels. (N. E.)

[13] Devo a informação sobre Charles Comte e Charles Dunoyer, bem como, na verdade, toda a análise do espectro ideológico, a Leonard P. Liggio (1933-2014). Para enfatizar o aspecto positivo e dinâmico da tendência utópica, muito denegrida em nossos dias, ver o ensaio: MILCHMAN, Alan. "The Social and Political Philosophy of Jean-Jacques Rousseau: Utopia and Ideology". *The November Review* (November 1964): 3-10. Ver, também, o capítulo: RUHLE, Jurgen. "The Philosopher of Hope: Ernst Bloch".

Numa fase de sua confusa e caótica vida, Saint-Simon aproximou-se muito de Comte e Dunoyer, e deles tomou sua análise de classe, processo no qual, embaralhando caracteristicamente a coisa, converteu empresários em mercado, *assim como* senhores feudais e outros privilegiados do Estado em "exploradores". Marx e Bakunin adotaram essa linha dos saint-simonianos, do que resultou uma profunda desorientação de todo o movimento socialista de esquerda; pois passou então a ser supostamente necessário, *além* de destruir o Estado repressor, abolir a propriedade dos meios de produção pelo capitalista privado. Ao rejeitar a propriedade privada, e especialmente o capital, os socialistas de esquerda tornavam-se presas de uma contradição interna crucial: se o Estado deve desaparecer após a revolução (de imediato, para Bakunin; por um "definhamento" gradual, segundo Marx), como poderá então o "coletivo" gerir sua propriedade sem que ele próprio se transforme num gigantesco Estado de fato, ainda que não nominalmente? Essa é uma contradição que nem os marxistas nem os bakuninistas foram jamais capazes de resolver[14].

In: LABEDZ, Leopold (Ed.). *Revisionism: Essays on the History of Marxist Ideas*. New York: Praeger, 1962. p. 177-78.

[14] Para uma análise da questão da abolição do Estado no pensamento marxista, ver: DRAPER, Hal. "The Death of the State in

Tendo substituído o liberalismo radical como o partido da "esquerda", o socialismo, por volta da virada do século XX, viu-se prisioneiro dessa contradição interna. A maioria dos socialistas (fabianos, lassallianos e até marxistas) desviou-se bem depressa para a direita, abandonando por completo as antigas metas e ideais libertários de revolução e definhamento do Estado. Tornaram-se confortavelmente conservadores, conciliados para sempre com o Estado, o *status quo* e toda a aparelhagem do neomercantilismo, do capitalismo monopolista de Estado, do imperialismo e da guerra, que rapidamente era introduzida e cravada na sociedade europeia com a chegada do século XX. Porque também o conservadorismo, por sua vez, reformara-se e reaglutinara-se para tentar enfrentar o sistema industrial moderno, e convertera-se num mercantilismo renovado, um regime de estatismo caracterizado pela cessão pelo Estado de privilégios de monopólio (sob formas diretas e indiretas) a capitalistas protegidos e a proprietários de terra quase feudais. A semelhança entre o socialismo de direita e o novo conservantismo tornou-se bastante estreita, o primeiro defendendo programas similares aos do último, mas com

---

Marx and Engels". *Socialist Register*, Volume 7 (March 1970): 281-307. (N. E.)

um demagógico verniz populista. Assim, o outro lado da moeda do imperialismo passou a ser o *"imperialismo social"*, mordazmente definido por Joseph Schumpeter (1883-1950) como *"um imperialismo em que os empresários e outros elementos seduzem os operários por meio da concessão de benefícios sociais que parecem depender do sucesso da política monopolista de exportação..."*[15].

Há muito os historiadores reconheceram a afinidade e a grande proximidade entre o socialismo de direita e o conservadorismo na Itália e na Alemanha, onde a fusão dessas tendências concretizou-se pela primeira vez no bismarckismo e, em seguida, no fascismo e no nacional-socialismo – tendo o último implementado o programa conservador de nacionalismo, imperialismo, militarismo, teocracia e um "coletivismo de direita"[16] que manteve, e até consolidou,

---

[15] SCHUMPETER, Joseph. A. *Imperialism and Social Classes*. New York: Meridian Books, 1955. p. 175. Schumpeter, aliás, percebeu que, longe de constituir uma etapa inerente ao capitalismo, o imperialismo moderno foi um retrocesso em relação ao imperialismo pré-capitalista de épocas anteriores, mas dessa vez com uma minoria de capitalistas privilegiados unidos às castas feudais e militares na promoção da investida imperialista.

[16] Acerca desta temática específica em nossos dias, recomendamos o seguinte livro: TUCKER, Jeffrey A. *Coletivismo de Direita: A Outra Ameaça à Liberdade*. Pref. Deirdre McCloskey; apres. Raphaël Lima; posf. Yago Martins; trad. Paulo Polzonoff. São Paulo: LVM Editora, 2019. (N. E.).

o domínio das classes privilegiadas tradicionais. Mas só recentemente os historiadores começaram a se dar conta de que um arranjo semelhante teve lugar na Inglaterra e nos Estados Unidos. Assim, Bernard Semmel (1928-2008), em sua brilhante história do movimento social-imperialista na Inglaterra na virada do século XX, mostra que a sociedade fabiana viu com bons olhos a ascensão dos imperialistas na Inglaterra[17]. Quando, em meados da década de 1890, o Partido Liberal dividiu-se na Inglaterra entre radicais, à esquerda, e liberal-imperialistas, à direita, Beatrice Webb (1858-1943), uma das líderes dos fabianos, acusou os radicais de *"adeptos do laissez-faire e anti-imperialistas"*, ao mesmo tempo que aclamava os segundos como *"coletivistas e imperialistas"*. Um manifesto fabiano oficial, o *Fabianism and the Empire* [*Fabianismo e o Império*], de 1900, redigido por George Bernard Shaw (1856-1950) – que mais tarde, com absoluta coerência, exaltaria as políticas internas de Josef Stalin (1878-1953), de Benito Mussolini (1883-1945) e de *Sir* Oswald Mosley (1896-1980) –, enalteceu o imperialismo e atacou os radicais, que *"ainda se aferram aos ideais de fronteiras rígidas do republicanismo individualista (e da) não interferên-*

---

[17] SEMMEL, Bernard. *Imperialism and Social Reform: English Social-Imperialist Thought, 1895-1914*. Cambridge: Harvard University Press, 1960.

cia". Em contraposição, *"uma Grande Potência... deve governar (um império mundial) no interesse da civilização em seu conjunto"*.

Depois disso, os fabianos colaboraram estreitamente com os *tories* e os liberais-imperialistas. De fato, no final de 1902, Sidney Webb (1859-1947) e Beatrice Webb constituíram um pequeno grupo secreto de consultores especializados chamado *"Os Coeficientes"* (*The Coefficients*). Na qualidade de um dos dirigentes desse clube, o imperialista *tory* Leopold S. Amery (1873-1955) escreveu, reveladoramente:

> Sidney e Beatrice Webb estavam muito mais empenhados em ter suas ideias sobre o Estado previdenciário postas em prática por quem quer que estivesse em condições de ajudar, mesmo na mais modesta escala, que com o triunfo próximo de um Partido Socialista declarado... não havia, afinal, nada de tão extraordinário – como o demonstrou a própria carreira de Joseph Chamberlain (1836-1914) – numa combinação de imperialismo nas questões externas com socialismo municipal ou semissocialismo no âmbito interno[18].

---

[18] AMERY, L. S. *My Political Life*. 3 vols. London, Hutchinson, 1953-1955. Citado em: SEMMEL, Bernard. *Imperialism and Social Reform. Op. cit.*, p. 74-75.

Outros membros do grupo "Os Coeficientes", o qual, nas palavras de Amery, deveria atuar como um *"conselho de especialistas ou Estado-maior"* em relação ao movimento, foram o liberal-imperialista Richard B. Haldane (1856-1928); o geopolítico Halford J. Mackinder (1861-1947); o imperialista e germanófobo Leopold Maxse (1864-1932), editor de um periódico conservador britânico, chamado *National Review*; o socialista e imperialista *tory* Alfred Milner (1854-1925); o adepto do imperialismo naval Carlyon Bellairs (1871-1955); o famoso jornalista e editor J. L. Garvin (1868-1947); o já citado George Bernard Shaw; *Sir* Clinton Dawkins (1859-1905), sócio do Morgan Bank; e *Sir* Edward Grey (1862-1933), o primeiro a esboçar, numa reunião do clube, a política de entente com a França e a Rússia, a qual viria a ter por resultado a Primeira Guerra Mundial[19].

A célebre traição dos ideais tradicionais de pacificismo revolucionário pelos socialistas europeus, e mesmo pelos marxistas, durante a Primeira Guerra Mundial, não deveria ter causado surpresa alguma. O apoio dado por cada um

---

[19] O que importa, é claro, não é o fato de esses homens terem sido produto de alguma "conspiração fabiana", mas, ao contrário, que o fabianismo, por volta da virada do século XIX para o século XX, era um socialismo a tal ponto "conservadorizado" que se alinhava compactamente às outras correntes neoconservadoras dominantes na vida política inglesa.

dos partidos socialistas a seu "próprio" governo nacional durante a guerra – com a honrosa exceção do Partido Socialista de Eugene Victor Debs (1855-1926), nos Estados Unidos – foi a materialização final do colapso da esquerda socialista clássica. Daí por diante, socialistas e quase socialistas aliaram-se a conservadores num amálgama básico, aceitando o Estado e a economia mista (i.e., o neomercantilismo, o Estado previdenciário, o intervencionismo ou o capitalismo monopolista de Estado – todos, afinal, meros sinônimos a expressar a mesma realidade essencial). Foi em reação a esse colapso que Vladimir Lenin (1870-1924) emergiu da Segunda Internacional para restaurar o marxismo revolucionário clássico, numa revitalização do socialismo de esquerda.

De fato, Lenin, quase sem o saber, fez mais que isso. É sabido que os movimentos "purificadores", ávidos por retornar a uma filosofia clássica depurada de adulterações recentes, avançam em geral além das teses das fontes originais. Havia, na verdade, traços "conservadores" bem marcados nos escritos dos próprios Karl Marx e Friedrich Engels (1820-1895), que muitas vezes justificaram o Estado, o imperialismo ocidental e o nacionalismo exacerbado; e foram esses aspectos, segundo as opiniões ambivalentes dos mestres na matéria, que forneceram a base racional para a posterior transferência da maioria dos marxistas para o campo *"social imperialista"*[20]. O campo de Lenin tornou-se mais de "esquerda" que o dos próprios Marx e Engels. Lenin assumiu uma postura inegavelmente mais revolucionária em relação ao Estado e, de forma coerente, defendeu e apoiou movimentos de libertação nacional contra o imperialismo. O movimento leninista foi mais "esquerdista" também sob outros importantes aspectos. Enquanto Marx centrara seu ataque sobre o capitalismo de mercado *per se*, Lenin concentrou sua atenção sobretudo no que concebia como as etapas mais avançadas do capitalismo: o imperialismo e o monopólio. Estando a atenção de Lenin muito mais voltada, na prática, para o monopólio de Estado e o imperialismo que para o capitalismo de *laissez-faire*, seu enfoque tornava-se assim muito mais aceitável para os libertários que o de Karl Marx.

O fascismo e o nazismo representaram o ápice alcançado, em alguns países, pela guinada moderna rumo ao coletivismo de direita no âmbito dos negócios internos. Tornou-se costumeiro entre libertários – do mesmo modo, na verdade, que entre o *Establishment* do Ocidente – encarar o fascismo e o comunismo como

---

[20] Assim, ver: DAVID, H. B. "Nations, Colonies and Social Classes: The Position of Marx and Engels". *Science and Society* (Winter 1965): 26-43.

fundamentalmente idênticos. Mas, embora ambos fossem sem dúvida coletivistas, apresentavam enorme diferença em seu conteúdo socioeconômico. O comunismo constituiu um movimento revolucionário genuíno, que desalojou e destronou de modo implacável as elites dominantes estabelecidas, ao passo que o fascismo, ao contrário, consolidou no poder as classes dominantes tradicionais. O fascismo foi, portanto, um movimento contrarrevolucionário, que cristalizou um conjunto de privilégios de monopólio sobre a sociedade; em suma, representou a apoteose do moderno capitalismo monopolista de Estado[21]. E foi por essa razão que se provou

---

[21] Ver o penetrante artigo: GROTH, A. J. "The 'Isms' in Totalitarianism". *American Political Science Review* (December 1964): 888-901. Neste trabalho Alexander J. Groth escreve o seguinte:

> Os comunistas [...] adotaram em geral medidas que, direta ou indiretamente, extirparam as elites socioeconômicas existentes: a nobreza fundiária, o empresariado, grandes setores da classe média e do campesinato, bem como as elites burocráticas, militares, o serviço público, os corpos judiciário e diplomático [...]. Em segundo lugar, em todos os casos de tomada do poder pelo comunismo, houve um significativo compromisso ideológico-propagandístico com relação a um Estado proletário ou dos trabalhadores [...] (compromisso) acompanhado por oportunidades de mobilidade social ascendente para as classes economicamente inferiores, em termos de educação e de emprego, que sempre excederam de muito as oportunidades disponíveis sob os regimes anteriores. Por fim, em todos os casos, os comunistas empenharam-se em alterar essencialmente o caráter dos sistemas econômicos que caíram sob seu domínio, tipicamente de uma economia agrária para uma economia industrial [...].

tão atraente (o que nunca ocorreu com o comunismo, é claro) aos grandes interesses empresariais do Ocidente – e isso de maneira aberta e despudorada ao longo da década de 1920 e no início da década de 1930[22].

> O fascismo [tanto na versão alemã quanto na italiana] [...] foi, em termos socioeconômicos, um movimento contrarrevolucionário [...]. Seguramente não expropriou ou eliminou as elites socioeconômicas existentes [...]. Bem ao contrário, o fascismo não sustou a propensão às concentrações privadas monopolísticas na vida empresarial, tendo, em vez disso, reforçado essa tendência [...]. É indubitável que o sistema econômico fascista não foi o de uma economia de livre mercado e, portanto, não foi capitalista, se quisermos restringir a aplicação desse termo a um sistema de *laissez-faire*. Mas não concorreu, de fato, [...] para preservar as elites socioeconômicas e manter suas recompensas materiais? (p. 890-91).

[22] Para exemplos da atração exercida por ideias e projetos coletivistas de cunho fascista e de direita sobre grandes empresários norte-americanos nessa época, ver: ROTHBARD, Murray N. *America's Great Depression*. Princeton: D. Van Mostrand Co., 1963. [Em língua portuguesa a obra está disponível na seguinte edição: ROTHBARD, Murray, N. *A Grande Depressão Americana*. Intr. Paul Johnson; Trad. Pedro Sette-Câmara. São Paulo: Instituto Ludwig von Mises Brasil, 2012. (N. E.)]. Ver, também, o livro: SALVEMINI, Gaetano & LaPIANA, Giorgio. *What to Do with Italy*. New York: Duell, Sloan, and Pearce, 1943. p. 65ss. Sobre a economia fascista, Gaetano Salvemini (1873-1957) escreveu, com perspicácia em outro trabalho: *"Na realidade, foi o Estado, i.e., o contribuinte, quem se tornou responsável pela empresa privada. Na Itália fascista, o Estado paga pelos desatinos da empresa privada [...]. O lucro é privado e individual. O prejuízo é público e social"*. SALVEMINI, Gaetano. *Under the Axe of Fascism*. London: Victor Gollancz, 1936. p. 416.

Capítulo 5
Coletivismo, Progressismo e o *New Deal*

Temos agora condições de aplicar nossa análise à cena norte-americana. Aí encontramos um mito que se destaca, acerca da história recente dos Estados Unidos, propagado pelos conservadores de nossos dias e acatado pela maioria dos libertários norte-americanos. Esse mito diz, aproximadamente, o seguinte: os Estados Unidos foram, em maior ou menor grau, um refúgio do *laissez-faire* até o *New Deal*; então o presidente Franklin Delano Roosevelt (1882-1945), influenciado por Felix Frankfurter (1882-1965), pela sociedade socialista intercongregada e por outros "conspiradores" "fabianos" e comunistas, maquinou uma revolução que colocou o país na senda que leva ao socialismo, e, numa perspectiva mais distante, ao comunismo. O libertário de hoje que adote essa interpretação, ou outra similar, da experiência norte-americana tende a se considerar da "extrema-direita"; um pouco à sua esquerda estaria o conservador; à esquerda deste, o moderado, e, em seguida, do lado esquerdo, o socialista e o comunista. Daí a grande tentação, para alguns libertários, de perseguir os comunistas. Afinal, como aos seus olhos os Estados Unidos deslocam-se inexoravelmente à esquerda, rumo ao socialismo, e, por conseguinte, rumo ao comunismo, torna-se para eles extremamente tentador saltar as etapas intermediárias e tingir com a odiada brocha vermelha todo o alvo de sua oposição.

Poder-se-ia pensar que o "libertário de direita" logo teria condições de detectar algumas fissuras profundas nessa concepção. Em primeiro lugar, a emenda do imposto sobre a renda, que ele deplora como o início do socialismo nos Estados Unidos, foi aprovada no Congresso, em 12 de julho de 1909, por uma maioria esmagadora de ambos os partidos. Considerar esse evento um nítido desvio à esquerda, em direção ao socialismo, exigiria que se considerasse o presidente William Howard Taft (1857-1930), que sancionou a 16ª Emenda, um esquerdista, coisa que, decerto, poucos ousariam fazer[23]. Na verdade, o

---

[23] Promulgada em 3 de fevereiro de 1913, esta emenda à Constituição dos Estados Unidos que autoriza a criação de um imposto federal sobre a renda de cidadãos e empresas sem a autorização dos estados membros da União foi solicitada pelo próprio pre-

New Deal não foi uma *revolução* em sentido algum; todo o seu programa coletivista tivera antecedentes – recentes, com Herbert Hoover (1874-1964)[24], durante a depressão; mais remotos, no coletivismo de guerra e no planejamento central que governaram os Estados Unidos, na administração de Woodrow Wilson (1856-1924), durante a Primeira Guerra Mundial[25]. Os componentes do programa do *New*

---

sidente William Howard Taft em um discurso pronunciado no Congresso em 9 de junho de 1909. Uma análise libertária desta administração presidencial está disponível em: MARINA, William. "From Opponent of Empire to Career Opportunist: William Howard Taft as Conservative Bureaucrat in the Evolution of the American Imperial System". *In*: DENSON, John V. (Ed.). *Reassessing the Presidency: The Rise of the Executive State and the Decline of Freedom*. Auburn: Ludwig von Mises Institute, 2001. p. 385-411. (N. E.)

[24] Sobre a presidência de Hoover, recomendamos a leitura dos seis capítulos da terceira parte da seguinte obra: ROTHBARD, Murray, N. *A Grande Depressão Americana. Op. cit.*, p. 207-349. Ver, também: ROTHBARD, Murray, N. "Herbert Hoover and the Myth of *Laissez-faire*". *In*: *The Progressive Era*. Ed. Patrick Newman; pref. Andrew P. Napolitano. Auburn: Ludwig von Mises Institute, 2017. p. 513-39. (N. E.)

[25] Uma crítica simultaneamente conservadora e libertária à gestão presidencial de Wilson aparece em: GAMBLE, Richard M. "Woodrow Wilson's Revolution Withim the Form". *In*: DENSON, John V. (Ed.). *Reassessing the Presidency. Op. cit.*, p. 413-24. Ver, também, os capítulos 12 (War Collectivism in World War I) e 13 (World War I as Fulfillment: Power and the Intellectuals) da seguinte obra: ROTHBARD, Murray, N. *The Progressive Era. Op. cit.*, p. 361-96, 397-461. (N. E.)

Deal – planejamento central, criação de uma rede de cartéis compulsórios para a indústria e a agricultura, inflação e expansão do crédito, elevação artificial dos níveis salariais e incentivo à formação de sindicatos dentro da estrutura de monopólio global, regulamentação e propriedade governamental – haviam sido, todos eles, prenunciados e delineados ao longo das duas décadas anteriores[26]. E esse programa, com sua concessão de privilégios a vários grandes grupos empresariais no auge da empreitada coletivista, não foi, em nenhum sentido, um socialismo ou um esquerdismo; nada havia nele que lembrasse de longe o igualitário ou o proletário. Não, o parentesco desse coletivismo florescente não era de modo algum com o socialismo-comunismo; era, sim, com o fascismo, ou o socialismo de direita, parentesco que muitos grandes empresários da década de 1920 expressaram abertamente em seu anseio pela substituição de um sistema de quase *laissez-faire* por um coletivismo que teriam condições de controlar. E não resta dúvida de que William Howard Taft, Woodrow Wilson e Herbert Clark Hoover constituem personagens muito mais facilmente identificáveis como protofascistas que como criptocomunistas.

---

[26] Nesse sentido, ver: ROTHBARD, Murray N. *America's Great Depression*. *Op. cit.*, *passim*.

Coletivismo, Progressismo e o *New Deal*

A essência do *New Deal* foi apreendida, com muito mais clareza que na mitologia conservadora, pelo movimento leninista no início da década de 1930 – ou melhor, até meados dessa década, quando as exigências das relações externas soviéticas provocaram um brusco desvio da linha comunista mundial, levando à "Frente Popular" de apoio ao *New Deal*. Assim, em 1934, o teórico leninista inglês R. Palme Dutt (1896-1974) publicou uma breve mas fulminante análise do *New Deal* como "fascismo social" – um fascismo de fato, disfarçado por tênue verniz de demagogia populista. Nenhum oponente conservador jamais proferiu denúncia mais vigorosa ou incisiva do *New Deal*. O programa de Roosevelt, escreveu Dutt, era *"avançar para uma ditadura de tipo militarista"*. Os objetivos principais, ainda segundo Dutt, eram: impor um capitalismo monopolista de Estado por intermédio da Administração da Recuperação nacional; subsidiar as atividades empresariais, bancárias e a agricultura por meio da inflação e da expropriação da grande maioria do povo, mantendo níveis de salário real mais baixos; e regular e explorar o operariado mediante salários fixados pelo governo e arbitragem compulsória. Quando o *New Deal*, prossegue Dutt, é despido de sua *"camuflagem 'progressista', social reformista... O que fica é a realidade do novo modelo fascista de sistema de capitalismo de Estado concentrado e servidão industrial"*, envolvendo um implícito *"avanço rumo à guerra"*. Dutt conclui convincentemente, citando palavras de um editor do conceituado *Current History Magazine*:

> A nova América (escrevia esse editor em meados de 1938) não será capitalista no velho sentido, e tampouco será socialista. Se a tendência atual é para o fascismo, será um fascismo americano, que incorporará a experiência, as tradições e as aspirações de uma grande nação de classe média[27].

O *New Deal* não significou, portanto, uma ruptura qualitativa com o passado dos Estados Unidos. Ao contrário, foi uma simples extensão quantitativa da teia de privilégios concedidos pelo Estado, já proposta e aplicada anteriormente: na administração de Hoover, no coletivismo de guerra da Primeira Guerra Mundial e no Período Progressista. A mais completa exposição das origens do capitalismo monopolista de Estado, ou do que ele chama de "capitalismo político", nos Estados Unidos, encontra-se na brilhante obra do Dr. Gabriel Kolko (1932-2014). Em *The Triumph of Conservatism* [*O Triunfo do Conservadorismo*], Kolko situa as origens do capitalismo político nas "reformas" do Período Progressis-

---

[27] DUTT, R. Palme. *Fascism and Social Revolution*. New York: International Publishers, 1934. p. 247-51.

Coletivismo, Progressismo e o *New Deal*

ta. Os historiadores ortodoxos sempre consideraram esse período (1900-1916, aproximadamente) como uma época em que o capitalismo de livre mercado tornara-se progressivamente mais "monopólico". Em reação a esse domínio do monopólio e da grande empresa – assim reza a história –, intelectuais altruístas e políticos prescientes teriam assumido a defesa da intervenção por parte do governo para corrigir e controlar tais males. O importante trabalho de Kolko demonstra que o que de fato se passou foi quase o oposto do que pretende o mito. Apesar da avalanche de fusões e de trustes formada por volta da virada do século XIX para o século XX, revela Kolko, as forças competitivas em ação no mercado livre rapidamente invalidavam e dissolviam essas tentativas de estabilizar e perpetuar o poder econômico dos grandes grupos empresariais. Foi precisamente em reação à sua iminente derrota sob as tempestades competitivas do mercado que a grande empresa, a partir de 1900, passou a recorrer cada vez mais ao governo federal em busca de ajuda e proteção. Em suma, a intervenção do governo federal destinava-se não a refrear o monopólio da grande empresa no interesse do bem público, mas a criar monopólios que a grande empresa (assim como as associações de empresas menores) não fora capaz de implantar em meio à árdua concorrência do mercado livre. Tanto a direita quanto a esquerda foram persistentemente induzidas em erro pela noção de que intervenção do governo significa *ipso facto* esquerdismo e oposição aos interesses da grande empresa. Daí a mitologia, endêmica entre a direita, do caráter vermelho do *New Deal* (ou do *Fair Deal*)[28]. Tanto os grandes empresários (persuadidos

---

[28] As medidas intervencionistas do *New Deal* [Novo Acordo], implementado entre 1933 e 1937 no governo de Franklin Delano Roosevelt (1882-1945), foram ampliadas pela gestão presidencial de Harry S. Truman (1884-1972), entre 1945 e 1953, por intermédio de um novo programa denominado *Fair Deal* [Acordo Justo], que, dentre outras medidas, apoiou o nascente movimento pelos direitos civis, tentou criar um programa universal de saúde pública, ampliou as políticas de bem-estar social, aumentou a regulamentação trabalhista e o avanço da intervenção federal nas políticas educacionais locais, forneceu subsídios para a construção de moradias e para a agricultura, alocou verbas públicas para diversos programas para os veteranos da Segunda Guerra Mundial e criou de uma série de projetos federais locais, desrespeitando autonomia dos estados. Sobre a temática, ver: RAICO, Ralph. "Harry S. Truman: Advancing the Revolution". *In*: DENSON, John V. (Ed.). *Reassessing the Presidency. Op. cit.*, p. 547-86. Com os objetivos principais de eliminar a pobreza e de reduzir as injustiças raciais, foi implementado entre 1964 e 1965, durante a administração de Lyndon B. Johnson (1908-1973), o programa federal *Great Society* [Grande Sociedade], que por intermédio de uma série de reformas, expandiu e ampliou a atuação governamental e os gastos estatais nas áreas de educação, saúde, assistência social, desenvolvimento urbano, transporte público, promoção dos direitos civis, financiamento artístico e cultural, proteção do meio-ambiente e defesa do consumidor, sendo apresentado pela propaganda governamental como um segundo *New Deal*. Uma crítica ao programa estatal *Great Society*, ver a seguinte coletânea, na qual, dentre outros, se encontra um ensaio de Murray N. Rothbard:

pelos lucros do grupo Morgan) quanto o professor Kolko (praticamente o único no mundo acadêmico) deram-se conta de que o privilégio de monopólio só pode ser criado pelo Estado, não podendo resultar de operações do mercado livre.

Gabriel Kolko mostra, assim, que, começando com o novo nacionalismo (*New Nationalism*) de Theodore Roosevelt e culminando na Nova Liberdade (*New Freedom*) de Woodrow Wilson, baixaram-se normas, que os direitistas de hoje consideram de cunho socialista, sobre setor após setor (p. ex., seguros, bancos, carne, exportação e área empresarial em geral), não de maneira uniforme, mas segundo fórmulas concebidas e propostas pelos grandes empresários. Constituíram essas normas uma tentativa deliberada de introduzir na economia a consolidação dos subsídios, da estabilização e dos privilégios de monopólio. Um ponto de vista típico sobre o assunto foi

---

GETTLEMAN, Marvin E. & MERMELSTEIN, David (Ed.) *The Great Society Reader: The Failure of American Liberalism*. New York: Random House, 1967. Para uma análise libertária sobre o modo como por intermédio das políticas monetárias implementadas pela "nova economia" keynesiana ocorreu o avanço do chamado "fascismo econômico" no período entre as gestões de John F. Kennedy (1917-1963) e de Richard Nixon (1913-1994), respectivamente, o antecessor e o sucessor de Lyndon B. Johnson, ver: SALERNO, Joseph T. "From Kennedy's 'New Economics' to Nixon's 'New Economic Policy': Monetary Inflation and the March to Economic Fascism". *In*: DENSON, John V. (Ed.). *Reassessing the Presidency. Op. cit.*, p. 587-640. (N. E.)

o de Andrew Carnegie (1835-1919). Profundamente preocupado com a concorrência na indústria do aço – que nem a formação da U.S. Steel, nem os famosos "Jantares de Gary", promovidos por essa companhia do grupo Morgan, estavam sendo capazes de refrear –, Carnegie declarava, em 1908: *"Ocorre-me sempre a ideia de que o controle governamental, e apenas ele, resolverá o problema de modo adequado"*. Nada há de alarmante na regulamentação governamental, declarava ele.

> O capital está absolutamente seguro na companhia de gás, embora ela esteja sob o controle estatal. Assim também estará seguro todo o capital, mesmo que sob o controle do governo...[29]

---

[29] KOLKO, Gabriel. *The Triumph of Conservatism: A Reinterpretation of American History, 1900-1916*. Glencoe: The Free Press, 1963. p. 173 e *passim*. Para um exemplo do modo como Gabriel Kolko já começou a influenciar a historiografia norte-americana, ver: GILCHRIST, David T. & LEWIS, W. David (Eds.). *Economic Change in the Civil War Era*. Greenville: Eleutherian Mills-Hagley Foundation, 1965. p. 115. Ver, também, a obra complementar e confirmatória de Kolko sobre ferrovias: KOLKO, Gabriel. *Railroads and Regulation, 1877-1916*. Princeton: Princeton University Press, 1965. Uma breve discussão do papel monopolizador da ICC com relação à indústria ferroviária pode ser encontrada em: STONE, C. D. "ICC: Some Remiscences on the Future of American Transportation". *New Individualist Review* (Spring 1963): 3-15.

O Progressive Party [Partido Progressista], como o demonstra Gabriel Kolko, foi basicamente um partido criado pelo Morgan para reeleger Theodore Roosevelt e punir o presidente William Howard Taft, que havia demonstrado excesso de zelo em processar as empresas Morgan. Os militantes de esquerda muitas vezes forneciam, por inadvertência, um verniz demagógico para um movimento conservador-estatista. A "Nova Liberdade" de Woodrow Wilson, que culminou com a criação da Federal Trade Commission [Comissão Federal de Comércio], longe de ter sido considerada perigosamente socialista pela grande empresa, foi acolhida com entusiasmo como tendo vindo implementar o programa de apoio, privilégio e controle há tanto tempo acalentado para a concorrência. O coletivismo de guerra de Wilson foi saudado de forma ainda mais exuberante. Edward N. Hurley (1864-1933), presidente da Comissão Federal de Comércio e ex-presidente da Illinois Manufacturers Association [Associação de Indústrias de Illinois], anunciou alvissareiramente, em fins de 1915, que a Comissão Federal do Comércio destinava-se a *"fazer, pelo comércio em geral"*, o mesmo que a comissão interestadual de comércio estivera fazendo diligentemente pelas ferrovias e pelos transportadores, que a Reserva Federal estava fazendo pelos banqueiros da nação e que o Ministério da Agricultura estava fazendo pelos agricultores[30]. Como ocorreria de forma mais dramática no fascismo europeu, cada grupo de interesses econômicos estava sendo "cartelizado", monopolizado e encaixado no seu nicho privilegiado, no âmbito de uma estrutura socioeconômica hierarquicamente orientada. Particularmente influentes foram as concepções de Arthur Jerome Eddy (1859-1920), eminente advogado empresarial, especialista na formação de associações comerciais e um dos artífices da Comissão Federal de Comércio. Em sua obra mais importante, ao denunciar com veemência a competição no setor empresarial e exigir a *"cooperação"* industrial protegida e controlada pelo governo, Eddy trombeteava: *"a concorrência é a Guerra, e a Guerra é o inferno"*[31].

E os intelectuais do período progressista, condenados pela direita de hoje como "socialistas"? Em certo sentido, foram de fato socialistas. Mas seu "socialismo" foi o conservador socialismo de Estado da Alemanha de Otto von Bismarck (1815-1898), o protótipo de tantas das modernas formas políticas europeias – e norte-americanas –, sob o

---

[30] KOLKO, Gabriel. *Triumph of Conservatism. Op; cit.*, p. 274.

[31] EDDY, Arthur Jerome. *The New Competition: An Examination of the Conditions Underlying the Radical Change that is Taking Place in the Commercial and Industrial World – The Change from a Competitive to a Cooperative Basis*. Chicago: A. C. McClurg and Co., 7ª ed., 1920.

qual o grosso dos intelectuais norte-americanos do final do século XIX recebera sua educação superior. Nas palavras de Kolko:

> O conservadorismo dos intelectuais contemporâneos [...]. A idealização do Estado por parte de Lester Ward (1841-1913), Richard T. Ely (1854-1943) ou Simon N. Patten (1852-1922) [...]. Foi também resultado da formação peculiar recebida por muitos dos professores universitários desse período, no final do século XIX. A principal influência sobre a teoria acadêmica social e econômica era a das universidades. A idealização bismarckiana do Estado, com suas funções previdenciárias centralizadas [...]. Foi devidamente reestudada pelos milhares de ocupantes de postos-chave do meio acadêmico que estudaram em universidades alemãs nas décadas de 1880 e 1890 [...][32].

Ademais, o ideal dos principais mestres alemães ultraconservadores, também chamados *"socialistas de cátedra"*, era o de se constituírem voluntariamente na *"guarda pessoal da Casa dos Hohenzollern"* – e sem dúvida foram isso mesmo.

Como um típico exemplo de intelectual progressista, Gabriel Kolko cita, com propriedade, Herbert

---

[32] KOLKO, Gabriel. *Triumph of Conservatism. Op. cit.*, p. 214.

Croly (1869-1930), editor do *New Republic*, órgão financiado pelo grupo Morgan. Ao sistematizar o novo nacionalismo de Theodore Roosevelt, Croly saudou esse novo hamiltonianismo[33] como um sistema para o controle federal coletivista e a integração da sociedade numa estrutura hierárquica.

Considerando o que se seguiu ao Período Progressista, Gabriel Kolko conclui:

> Criou-se durante a guerra, em vários órgãos administrativos e de emergência, uma síntese de negócios e política em nível federal que perdurou por toda a década seguinte. De fato, o período da guerra representa o triunfo da empresa da maneira mais enfática possível [...]. A grande empresa

---

[33] Referência ao modelo proposto pelo conservador Alexander Hamilton (1757-1804), um dos pais da pátria norte-americana; autor, juntamente com James Madison (1751-1836) e John Jay (1745-1829), da obra *The Federalist Papers* [*O Federalista*], em favor da ratificação da Constituição dos Estados Unidos; e primeiro secretário do Tesouro, cuja visão política defendia um maior grau de centralismo estatal, tendo lançado as bases do capitalismo financeiro e industrial norte-americano. Para uma crítica libertária ao hamiltonianismo, ver: DiLORENZO, Thomas. *Hamilton's Curse: How Jefferson's Arch Enemy Betrayed the American Revolution, and What It Means for Americans Today*. New York: Crown Forum, 2008. Sobre a presidência de Theodore Roosevelt, ver: WOODS, JR., Thomas. "Theodore Roosevelt and the Modern Presidency". *In*: DENSON, John V. (Ed.). *Reassessing the Presidency. Op. cit.*, p. 341-61. (N. E.)

granjeou o total apoio dos vários órgãos reguladores e do Executivo. Foi durante a guerra que acordos exequíveis, eficazes, de oligopólio, preço e mercado tornaram-se operacionais nos setores dominantes da economia norte-americana. A rápida difusão do poder na economia e a relativa facilidade de ingresso nela virtualmente se extinguiram. Apesar da suspensão de importantes dispositivos legais recentes, a união entre a empresa e o governo federal continuou ao longo da década de 1920 e daí por diante, valendo-se das bases lançadas no Período Progressista para estabilizar e consolidar a situação vigente no seio de várias indústrias [...]. O princípio da utilização do governo federal para a estabilização da economia, firmado no contexto do industrialismo moderno durante o Período Progressista, tornou-se a base do capitalismo político em suas muitas ramificações ulteriores.
Nesse sentido, o progressismo não morreu na década de 1920, tendo, ao contrário, passado a constituir uma parte da estrutura básica da sociedade norte-americana[34].

Como resultado, o *New Deal*. Após brevíssima oscilação esquerdizante no final da década de 1930,

---

[34] KOLKO, Gabriel. *Triumph of Conservatism*. *Op. cit.*, p. 286-87.

a administração de Franklin Delano Roosevelt consolidou sua aliança com a grande empresa por meio da economia de defesa nacional e de contrato para a fabricação de material bélico, iniciados em 1940. Essa economia e esse programa são os mesmos que vêm regendo os Estados Unidos desde então, corporificados na economia de guerra permanente, no capitalismo monopolista de Estado amadurecido e no neomercantilismo – o complexo militar-industrial de nosso tempo. As características essenciais da sociedade norte-americana não sofreram alteração desde que foi de todo militarizada e subordinada à política por ocasião da Segunda Guerra Mundial – exceto pelo fato de que as tendências se intensificam, e, mesmo na vida cotidiana, os homens foram sendo, cada vez mais, moldados como funcionários conformistas, a serviço do Estado e de seu complexo industrial-militar[35]. William H. Whyte, Jr. (1917-1999), em seu

---

[35] Interpretações libertárias da presidência de Franklin Delano Roosevelt, bem como de suas consequências para a política e para a economia norte-americanas atuais, são apresentadas nos seguintes trabalhos: DiLORENZO, Thomas J. "Franklin Delano Roosevelt's New Deal: From Economic Fascism to pork-Barrel Politics". *In*: DENSON, John V. (Ed.). *Reassessing the Presidency. Op. cit.*, p. 425-51; DENSON, John V. "Franklin Delano Roosevelt and the First Shot: A Study of Deceit and Deception". *In*: DENSON, John V. (Ed.). *Reassessing the Presidency. Op. cit.*, p. 453-525; MALTSEV, Yuri N. & SIMPSON, Barry Dean. "Despotism Loves Company: The Story of Frankin Delano Roosevelt and Josef

merecidamente famoso *The Organization Man* [*O Homem da Organização*][36], de 1956, tornou claro que essa moldagem processou-se em meio à adoção, pelo mundo empresarial, das concepções coletivistas formuladas por sociólogos e outros profissionais "iluminados" da engenharia social. É óbvio também que essa harmonia de concepções não é apenas resultado da ingenuidade dos grandes empresários, sobretudo quando tal "ingenuidade" ajusta-se às suas necessidades de comprimir o operário e o administrador no molde de um servidor voluntário da grande burocracia da máquina militar-industrial. E, a pretexto da "democracia", a educação transformou-se em simples adestramento em larga escala nas técnicas de ajustar-se à tarefa de se converter numa engrenagem da imensa máquina burocrática.

Enquanto isso, republicanos e democratas continuam tão "bipartidários" em compor e defender esse *establishment* como haviam sido nas duas primeiras décadas do século XX. A doutrina do "para mim também" ou "eu-mesmismo" (*Me-tooism*) – esteio bipartidário do *status quo* subjacente às diferenças de superfície entre os partidos – não começou em 1940.

Stalin". *In*: DENSON, John V. (Ed.). *Reassessing the Presidency*. *Op. cit.*, p. 527-45. (N. E.)

[36] WHYTE, William H. *The Organization Man*. New York: Simon & Schuster, 1956. (N. E.)

Capítulo 6
A resposta libertária

Como reagiu o pequeno grupo constituído pelos libertários remanescentes a essas modificações do espectro ideológico nos Estados Unidos? Pode-se encontrar uma resposta instrutiva examinando a carreira de um dos grandes libertários dos Estados Unidos no século XX, Albert Jay Nock. Na década de 1920, após ter formulado sua filosofia libertária radical, Nock se considerava, e como tal era universalmente encarado, um membro da extrema-esquerda. Há sempre a tendência, na vida ideológica e política, a concentrar a atenção no inimigo principal do momento, e o principal inimigo naquele momento era o estatismo conservador dos governos de Calvin Coolidge (1872-1933) e de Herbert Hoover. Era natural, portanto, que Albert Jay Nock, seu amigo e companheiro libertário H. L. Mencken e outros radicais se unissem a quase socialistas na luta contra o adversário comum. Por outro lado, quando o *New Deal* sucedeu Hoover, socialistas menos convictos e intervencionistas com vagas tendências de esquerda aderiram ao movimento vitorioso do *New Deal;* na esquerda, apenas libertários do porte de Nock e Mencken, além dos leninistas (antes da sua fase de Frente Popular), deram-se conta de que Roosevelt nada mais era que um prolongamento de Hoover, disfarçado por outra retórica. Parecia aos radicais perfeitamente natural formar uma frente unida contra Franklin Delano Roosevelt, ao lado dos antigos conservadores partidários do presidente Herbert Hoover e do governador Al Smith (1873-1944), convencidos, uns e outros, de que Roosevelt fora longe demais, ou desgostosos com sua bombástica retórica populista. O problema foi que Nock e seus companheiros radicais, que de início reservavam aos recém-descobertos aliados o devido desprezo, logo passaram a aceitá-los, e até a ostentar de bom grado o rótulo, antes menosprezado, de "conservadores". Entre os radicais de segunda linha, essa alteração se processou, como outras tantas transformações de ideologia na história, de maneira inadvertida e na ausência de uma liderança ideológica apropriada. Para Nock, e até certo ponto para Mencken, em contrapartida, o problema alcançou níveis muito mais profundos.

A resposta libertária

Sempre existira uma grave falha na brilhante e bem aplanada doutrina elaborada, segundo a maneira bem diversa de cada um, por Nock e Mencken: ambos haviam adotado por muito tempo o grande erro do pessimismo. Ambos não viam probabilidade alguma de que a raça humana chegasse um dia a abraçar o sistema da liberdade. Sem qualquer esperança de que a doutrina radical da liberdade jamais viesse a ser posta em prática, ambos se eximiram, cada um a seu modo, da responsabilidade da liderança ideológica: Mencken, jovial e prazerosamente; Nock, com altivez e reserva. Portanto, a despeito da sólida contribuição desses dois homens para a causa da liberdade, nenhum deles pôde jamais tornar-se o líder convicto de um movimento libertário, porque ambos jamais foram capazes de antever o partido da liberdade como o partido da esperança, o partido da revolução, ou, *a fortiori,* o partido do messianismo secular. O erro do pessimismo é o primeiro passo descendente na escorregadia ladeira que leva ao conservantismo; a partir daí, tornou-se demasiado fácil para o pessimista radical Nock, mesmo sendo ainda basicamente um libertário, aceitar o rótulo de conservador e, até, ir ao ponto de agourar o velho chavão de que há sempre uma atitude de desconfiança *a priori* contra qualquer mudança social.

É fascinante notar que Albert Jay Nock seguiu assim a trilha ideológica de seu prezado antepassado espiritual, Herbert Spencer. Ambos começaram como autênticos liberais radicais, ambos abriram mão rapidamente das táticas radicais ou revolucionárias tal como se expressavam na intenção de pôr em prática suas teorias mediante a ação popular, e ambos, ao final, passaram imperceptivelmente do uso de táticas *tory* para o que foi, no mínimo, um "torysmo" parcial no plano do conteúdo.

E assim os libertários, sobretudo na percepção que tinham da posição que ocupavam no espectro ideológico, fundiram-se com os conservadores mais antigos, que, por sua vez, foram obrigados a adotar uma fraseologia libertária (mas destituída de conteúdo libertário real) na oposição a um governo de Roosevelt, que, a seu ver, tornara-se demasiado coletivista, tanto na essência quanto na retórica. A Segunda Guerra Mundial reforçou e consolidou essa aliança, pois, em contraste com as demais guerras norte-americanas do século XX, as forças pacificistas e "isolacionistas" foram todas identificadas – primeiro pelos seus opositores e subsequentemente por elas mesmas – como constituídas por homens da "direita". Ao término da Segunda Guerra Mundial, tornou-se um hábito arraigado entre os libertários situarem-se a si mesmos num polo de "extrema-direita", com os conservadores imediatamente à sua esquerda – donde o grande desacerto do espectro ideológico que persiste até hoje. Em particular, os libertários modernos esqueceram (ou jamais compreenderam) que a oposição à guerra e ao militarismo fora, desde sempre, uma tradição da esquerda que abrangera os libertários. Assim, quando a aberração histórica do período *New Deal* corrigiu-se a si mesma e a "direita" voltou a ser o grande adepto da guerra total, os libertários estavam despreparados para entender o que se passava e acompanharam as pegadas dos seus supostos "aliados" conservadores. Os liberais tinham perdido por completo sua identidade e suas diretrizes ideológicas tradicionais.

Capítulo 7
Em defesa do otimismo

Feita uma reorientação adequada do espectro ideológico, quais seriam *então* as perspectivas para a liberdade? Nada há de espantoso em o libertário contemporâneo, vendo o mundo se tornar socialista e comunista, e acreditando-se virtualmente isolado e à margem de qualquer possibilidade de ação popular conjunta, tender a impregnar-se de pessimismo quanto às suas perspectivas em longo prazo. Mas o panorama ilumina-se de imediato quando nos damos conta de que o requisito indispensável à civilização moderna – a derrocada da Velha Ordem – foi levado a cabo pela ação libertária das massas, irrompendo no Ocidente em revoluções tão grandiosas quanto a francesa e a norte-americana, provocando as glórias da Revolução Industrial e os avanços da liberdade, da mobilidade e os padrões de vida ascendentes que até hoje conservamos. Apesar das oscilações reacionárias no sentido de um retorno ao estatismo, o mundo mantém-se num plano muito superior ao do mundo do passado. Quando consideramos também que, de uma maneira ou de outra, a Velha Ordem do despotismo, do feudalismo, da teocracia e do militarismo dominou todas as civilizações humanas até a civilização ocidental do século XVIII, o otimismo quanto ao que o homem conquistou e pode conquistar deve tornar-se ainda maior.

É possível retrucar, entretanto, que esse árido registro histórico de despotismo e estagnação apenas reforça o pessimismo das pessoas, pois mostra a persistência e a durabilidade da Velha Ordem e a pretensa fragilidade e o esmorecimento da Nova, sobretudo em vista do retrocesso ocorrido no século XIX. Mas uma análise de tal superficialidade deixa de considerar a grande mudança ocorrida com a revolução da Nova Ordem, mudança claramente irreversível. Pois a Velha Ordem pôde persistir ao longo de séculos em seu sistema de escravidão apenas porque não despertava quaisquer expectativas ou esperanças nas mentes de populações imersas na penúria; o quinhão que lhes cabia era viver e subsistir em animalesca labuta na escravidão, enquanto obedeciam de forma incondicional às ordens de seus senhores, designados por Deus. Mas a revolução liberal implantou de modo indelével no espírito dos povos – não apenas do Ocidente, mas também no mundo subdesenvolvido, ainda sob domínio feudal – um ardente desejo de liberdade, de terra para o campesinato, de paz entre as nações, e, talvez acima de tudo, de mobilidade e de padrões de vida ascendentes, que só lhes podem ser assegurados por uma civilização industrial. As classes subalternas jamais voltarão a aceitar a servidão insensata da Velha Ordem; e, dadas essas exigências que o liberalismo e a Revolução Industrial vieram despertar, a vitória final da liberdade é inevitável.

Apenas a liberdade, apenas um mercado livre, podem organizar e preservar um sistema industrial; e, quanto maior é a população, mais necessário se faz o funcionamento desembaraçado dessa economia industrial. O *laissez-faire* e a exigência de um mercado livre tornam-se mais evidentes à medida que um sistema industrial amadurece; desvios radicais provocam colapsos e crises econômicas. A crise do estatismo torna-se especialmente dramática e aguda em sociedades de todo socializadas; por isso, o colapso inevitável do estatismo tornou-se flagrantemente notório em primeiro lugar nos países do campo socialista (i.e., comunista). Afinal, o socialismo defronta-se de maneira mais direta com as contradições internas do estatismo. Tenta com desespero cumprir as metas que anuncia em relação ao crescimento industrial, a padrões de vida mais elevados para a população e ao definhamento final do Estado – e, cada vez mais, torna-se incapaz de alcançá-las por seus meios coletivistas. Donde o colapso inevitável do socialismo.

No entanto, a progressiva falência do planejamento socialista foi em parte obscurecida de início, e isso porque os leninistas tomaram o poder não num país capitalista desenvolvido (como Karl Marx erroneamente o previra), mas em um país submetido à opressão do feudalismo. Em segundo lugar, por muitos anos após a tomada do poder os comunistas não tentaram impor o socialismo à economia – na Rússia soviética, não o fizeram até que a coletivização forçada implantada por Josef Stalin no início da década de 1930 viesse anular a sabedoria da Nova Política Econômica de Vladimir Lenin, que Nikolai Bukharin (1888-1938) – o teórico favorito do próprio Lenin – teria ampliado na direção de um mercado livre. Mesmo os supostamente fanáticos líderes comunistas da China não impuseram uma economia socialista àquele país até fins da década de 1950. Em todos esses casos, a crescente industrialização provocou uma série de colapsos econômicos de tal gravidade que os países comunistas, contrariando seus princípios ideológicos, tiveram de afastar-se passo a passo do planejamento central e retornar a diversos graus e formas de um mercado livre. A chamada Reforma

Liberman[37] para a União Soviética ganhou enorme notoriedade; mas o inevitável processo de dessocialização foi muito mais longe na Polônia, na Hungria e na Tchecoslováquia. A Iugoslávia, porém, foi o país que mais avançou: liberta da rigidez stalinista mais cedo que esses outros países, promoveu sua dessocialização em apenas doze anos, em ritmo tão acelerado e levando-a a tal ponto que hoje sua economia mal pode ser considerada mais socialista que a da França. O país continua sendo governado por pessoas que se intitulam "comunistas", mas isso é irrelevante para o plano dos fatos sociais e econômicos básicos. O planejamento central virtualmente desapareceu na Iugoslávia. O setor privado não só predomina na agricultura como é forte também na indústria; o próprio setor público foi tão radicalmente descentralizado e submetido às provas da livre arbitragem dos preços e do lucro e perda, bem como à propriedade de cada fábrica pela cooperativa de seus trabalhadores, que mal se poderia falar da sobrevivência de um verdadeiro socialismo. Só resta por ser dado, no caminho

---

[37] Referência à, também, denominada Reforma Kosygin, um plano econômico soviético, de 1965, elaborado pelo economista Ovsiy Hrihorovich Liberman (1897-1983) e implementado pelo ministro Alexei Kosygin (1904-1980) durante o regime de Leonid Brejnev (1906-1982), que se caracterizou como uma tentativa de fazer o regime socialista adotar as vendas e os lucros como indicadores do sucesso das atividades econômicas. (N. E.)

que leva ao capitalismo completo, o passo final de converter o controle sindical dos trabalhadores em cotas individuais de propriedade. A China comunista e os abalizados teóricos marxistas do *Monthly Review* perceberam claramente a situação e soaram o alarme de que a Iugoslávia deixara de ser um país socialista.

Poder-se-ia pensar que os economistas do mercado livre fossem festejar a confirmação e a crescente relevância da notável previsão feita pelo professor Ludwig von Mises (1881-1973) no ano de 1920: a de que os Estados socialistas, sendo necessariamente desprovidos de um sistema de preços genuíno, não teriam condições de calcular em termos econômicos, e, em consequência, seriam incapazes de planejar sua economia com qualquer grau de sucesso[38]. Na verdade, Henry Hazlitt (1894-1993), um discípulo de Ludwig von Mises, anteviu esse processo de dessocialização num romance escrito há alguns anos[39]. No

---

[38] O autor se refere a tese misesiana da impossibilidade do cálculo econômico socialista, apresentada pela primeira vez em um artigo acadêmico publicado em 1920, cujo texto integral em português está disponível como: MISES, Ludwig von. *O Cálculo Econômico em uma Comunidade Socialista*. Apres. Gary North; prefs. Fabio Barbieri & Yuri N. Maltsev; intr. Jacek Kochanowicz; posf. Joseph T. Salerno; trad. Leandro Roque. São Paulo: LVM Editora, 2017. (N. E.)

[39] O romance em questão é: HAZLITT, Henry. *Time Will Run Back*. New Rochelle: Arlington House, 1966.

entanto, nem esse autor nem qualquer outro economista do mercado livre deu o mais leve indício de sequer admitir – que dirá aclamar – a ocorrência desse processo nos países comunistas. Talvez porque sua posição quase histérica em face da pretensa ameaça do comunismo os impeça de admitir qualquer dissolução no suposto monopólio que os ameaça[40].

Os países comunistas estão, portanto, progressiva e inexoravelmente fadados a dessocializar-se, e acabarão, assim, por chegar ao mercado livre. A situação dos países não desenvolvidos é também motivo de constante otimismo libertário, pois, em todo o mundo, os povos das nações não desenvolvidas encontram-se empenhados em derrubar sua Velha Ordem feudal. É verdade que os Estados Unidos fazem o que podem para sufocar processos revolucionários análogos àqueles mesmos que, outrora, permitiram à própria nação norte-americana e à Europa Ocidental

---

[40] Uma grata exceção é análise do livro *The Road to Serfdom* [*O Caminho da Servidão*], de F. A. Hayek, apresentada no seguinte artigo: GRAMPP, William Dyer. "New Directions in the Communist Economies". *Business Horizons* (Fall 1965): 29-36. Escreve o autor: *"Hayek afirmou que o planejamento centralizado conduziria à servidão. Disto se conclui que uma redução da autoridade econômica exercida pelo Estado deveria levar a um afastamento da servidão. Os países comunistas podem demonstrar que isso é verdade. Seria um definhamento do Estado com que os marxistas não haviam contado, e que tampouco fora previsto pelos que concordam com Hayek"* (p. 35).

escapar aos grilhões da Velha Ordem. Torna-se, no entanto, cada vez mais claro que mesmo uma esmagadora força bélica é incapaz de sufocar o desejo dos povos de forçar sua entrada no mundo moderno.

Restam-nos os Estados Unidos e os países da Europa Ocidental. Aqui, as razões para o otimismo são menos claras, pois o sistema quase coletivista não se mostra em crise tão severa de autocontradição como o socialismo. Contudo, também aqui a crise econômica assoma no futuro, e corrói a presunção dos gestores econômicos keynesianos: inflação progressiva, refletida no colapso cada vez mais grave da balança de pagamentos do outrora todo-poderoso dólar; desemprego cíclico crescente, provocado por escalas de salário mínimo, e a acumulação mais profunda e prolongada das distorções antieconômicas geradas pela economia de guerra permanente[41]. Além disso, as crises potenciais nos Estados Unidos não são só econômicas; há entre a juventude norte-americana uma efervescência animadora e contagiante contra os grilhões da burocracia centralizada, da educação

---

[41] Uma análise sintética deste problema é apresentada em: ROTHBARD, Murray, N. *O que o Governo fez com Nosso Dinheiro?* Pref. e posf. Fernando Ulrich; trad Leandro Augusto Gomes Roque. São Paulo: Instituto Ludwig von Mises Brasil, 2013. Ver, também: HAZLITT, Henry. *The Failure of the New Economics*. New York: D. Van Nostrand, 1959. (N. E.)

uniforme do povo e da brutalidade e opressão exercidas pelos agentes subalternos do Estado.

Mais ainda, a manutenção de um amplo grau de liberdade de expressão e de uma estrutura democrática facilita, pelo menos em curto prazo, o possível crescimento de um movimento libertário. Os Estados Unidos têm também a sorte de ter, ainda que semiesquecida sob o envoltório estatista e tirânico da primeira metade do século, uma grande tradição de pensamento e ação libertários. O próprio fato de que muito dessa herança reflete até agora na retórica popular, mesmo que destituída de sua significância na prática, fornece uma base ideológica substancial para um futuro partido da liberdade.

Capítulo 8
A importância do otimismo

Aquilo que os marxistas chamariam de "condições objetivas" para o triunfo da liberdade existe, portanto, por toda parte no mundo, e mais do que em qualquer época passada, pois, em toda parte, o povo optou por padrões de vida mais elevados e pela promessa da liberdade, e em toda parte os vários regimes de estatismo e coletivismo não têm como alcançar essas metas. O que falta, portanto, são apenas as "condições subjetivas" para a vitória, isto é, um corpo cada vez maior de libertários esclarecidos, que difundam entre os povos do mundo a mensagem de que a liberdade e o mercado totalmente livre oferecem a saída para seus problemas e crises. A liberdade não pode ser alcançada na sua plenitude a menos que existam libertários em número suficiente para conduzir os povos ao caminho certo.

Mas talvez o maior obstáculo à criação de tal movimento seja a desesperança e o pessimismo típicos do libertário no mundo de hoje. Muito desse pessimismo se deve à sua interpretação equivocada da história e ao fato de que ele se julga, a si mesmo e a seus poucos confrades, irremediavelmente isolado das massas, e, por conseguinte, das alterações de curso por que passa a história. Converte-se então num crítico isolado dos eventos históricos, em vez de numa pessoa que se considera parte integrante de um movimento potencial que pode fazer história e a fará. O libertário moderno esqueceu que o liberal dos séculos XVII e XVIII enfrentou desvantagens muito mais esmagadoras que aquelas com que ele hoje se defronta. Afinal, naquela época, antes da Revolução Industrial, a vitória do liberalismo estava longe de ser inevitável. Contudo, o liberalismo daquele tempo não se contentava em permanecer um partido insignificante e obscuro; ao contrário, uniu teoria e ação. O liberalismo nasceu e desenvolveu-se como uma ideologia, e, orientando e guiando as massas, fez a revolução que mudou o destino do mundo. Pela monumental ruptura que operou, essa revolução do século XVIII transformou a história de uma crônica de estagnação e despotismo num movimento contínuo rumo a uma verdadeira utopia secular de liberdade, racionalidade e abundância. A Velha Ordem está morta ou moribunda, e as tentativas reacionárias de gerir uma sociedade e uma economia modernas mediante modalidades diversas de retrocesso à Velha Ordem estão fadadas ao fracasso total. Os liberais do passado deixaram para os libertários modernos uma gloriosa herança, não só de ideologia, mas de vitórias contra vantagens ainda mais devastadoras. Os liberais do passado também deixaram como herança a estratégia e as táticas adequadas para o uso dos libertários, não somente por terem assumido a frente das massas em vez de permanecerem à margem, mas também por não se terem deixado enredar num otimismo imediatista. Afinal, esse otimismo, por não ser realista, leva diretamente à desilusão e, em consequência, ao pessimismo quanto aos resultados finais, do mesmo modo que, no reverso da moeda, o pessimismo quanto às perspectivas de longo prazo leva à concentração exclusiva e autodestrutiva em resultados imediatos e de curto alcance. O otimismo em curto prazo deriva, em primeiro lugar, de uma concepção ingênua e simplista de estratégia: a de que a liberdade só triunfará pela formação de maior número de intelectuais, que, por sua vez, formarão modeladores de opinião, os quais se encarregarão de convencer as massas, após o que o Estado, de alguma maneira, levantará acampamento e se retirará em silêncio e às escondidas. As coisas não são tão fáceis assim. Os libertários enfrentam não só um problema de formação, mas também um problema de poder, e é uma lei da história o fato de que jamais uma classe dominante abriu mão voluntariamente do seu poder.

Mas, sem dúvida alguma, nos Estados Unidos, a questão do poder pertence a um futuro remoto. Para o libertário, a principal tarefa do momento presente é desvencilhar-se de seu desnecessário e debilitante pessimismo, ter em mira a vitória final e tomar o caminho que leva à sua consecução. Para tanto deve, talvez, antes de mais nada, retificar drasticamente sua concepção equivocada do espectro ideológico; deve descobrir quem são seus amigos e aliados naturais e, talvez acima de tudo, quem são seus inimigos. Munido desse conhecimento, que prossiga nesse espírito de otimismo radical quanto aos resultados finais, corretamente definidos por Randolph Bourne (1886-1918) – uma das grandes figuras da história do pensamento libertário – como o espírito da juventude. E deixe que as estimulantes palavras de Bourne sirvam também de guia para o espírito de liberdade:

> A juventude é a corporificação da razão em luta contra a rigidez da tradição; a juventude faz a tudo que é velho e estabelecido a pergunta impiedosa: Por quê? Para que serve isso? E, quando recebe dos defensores respostas inarticuladas e evasivas, aplica seu próprio espírito de racionalidade, lúcido e claro, a instituições, costumes e ideias, e, julgando-os estúpidos,

frívolos ou perniciosos, põe-se instintivamente a trabalhar para derrubá-los e construir em seu lugar as coisas que fervilham em sua fantasia [...].

A juventude é a levedura que mantém todas essas atitudes de questionamento e análise em fermentação no mundo. Não fosse por essa atividade perturbadora que ela exerce, com sua aversão a sofismas e falsas aparências, sua insistência nas coisas como elas são, a sociedade pereceria por simples deterioração. A esperteza da geração mais velha, na medida em que se adapta ao mundo, consiste em esconder-se das coisas desagradáveis onde for possível, ou manter uma conspiração de silêncio e um complicado simulacro de que tais coisas não existem. Mas, enquanto isso, as feridas não deixam de ir supurando. A juventude é o antisséptico drástico [...]. Põe à mostra os males ocultos e insiste em que sejam explicados. Não é de espantar que a geração mais velha tenha temor e desconfiança dos mais jovens. A juventude é o Nêmesis vingador em seu rastro [...].

Nossa gente idosa é sempre otimista em suas opiniões sobre o futuro; a juventude é pessimista em relação ao presente e gloriosamente esperançosa quanto ao futuro. E é essa esperança que é a alavanca do progresso – a única alavanca do progresso, pode-se dizer [...].

O segredo da vida é, portanto, jamais perder esse elevado espírito juvenil. Da turbulência da juventude deveria emergir esse sutil precipitado – um sadio, forte e agressivo espírito de arrojo e realização. Deve ser um espírito flexível, em crescimento, com receptividade para novas ideias e aguçado discernimento na experiência. Conservar vívidas e verdadeiras as próprias reações é ter encontrado o segredo da eterna juventude, e a eterna juventude é a salvação[42].

---

[42] SCHLISSEL, Lilian (Ed.) *The World of Randolph Bourne*. New York: E. P. Dutton and Co., 1965. p. 9-11, 15.

Índice remissivo e onomástico

A

Acton, John Emerich Edward Dalberg-Acton (1834-1902), 1º Barão de Acton, Lorde, 17, 42-43
Alemanha, 19, 55, 74
Alves, Lígia, 8
América Latina, 23
América WASP, 16
American Political Science Review, 61
Amery, Leopold S. (1873-1955), 57-58
Ancien régime, 26, 34
Anti-Dühring, de Friedrich Engels, 51-52
Ásia, 10

B

Bakunin, Mikhail (1814-1876), 27, 51, 53
Bellairs, Carlyon (1871-1955), 58
Betrayal of the American Right, The [*A Traição da Direita Norte-Americana*], de Murray N. Rothbard, 11
Bismarck, Otto von (1815-1898), 74
Bourne, Randolph (1886-1918), 100
Brasil, 9, 13, 24
Brejnev, Leonid (1906-1982), 91
Buckley Jr., William F. (1925-2008), 11
Bukharin, Nikolai (1888-1938), 90
Burnham, James (1905-1987), 11

C

Carnegie, Andrew (1835-1919), 72
Casa dos Hohenzollern, 75
Cato Institute, 7
Chamberlain, Joseph (1836-1914), 57
China, 90, 92
Chodorov, Frank (1887-1966), 12
Coeficientes, Os (*The Coefficients*), 57-58
Comissão Federal de Comércio, 73-74
Comte, Auguste (1798-1857), 52
Comte, Charles (1782-1837), 52-53
Congresso dos Estados Unidos, 64-65
Conservadorismo, 16, 18-19, 50, 54-55, 75
Conservantismo, 19, 21, 23, 26-27, 34, 41, 46, 49-51, 54, 83
Coolidge, Calvin (1872-1933), 20, 81
Constituição dos Estados Unidos, 64, 76
Coreia, 12
Croly, Herbert (1869-1930), 76
Current History Magazine, 68

D

Dawkins, *Sir* Clinton (1859-1905), 58
Décima Sexta Emenda (à Constituição dos EUA), 64
Debs, Eugene Victor (1855-1926), 59
Doutrina do *laissez-faire*, 11, 20, 29, 40, 52, 56, 60, 62-63, 66, 89
Doutrina do "para mim também" ou "eu-mesmismo" (*Me-tooism*), 79
Dunoyer, Charles (1786-1862), 52-53
Dutt, R. Palme (1896-1974), 67-68

E

Eddy, Arthur Jerome (1859-1920), 74
Ekirch, Jr., Arthur A. (1915-2000), 7, 29
Ely, Richard T. (1854-1943), 75
Engels, Friedrich (1820-1895), 51, 59-60
Era Progressista, 20, 68, 74, 76-77
Estado de natureza, 37
Estado e a Revolução, O [Государство и революция], de Vladimir Lenin, 51

Estados Unidos, 10-11, 13-14, 19-20, 23, 26, 28-29, 33, 35, 46, 56, 59, 63-65, 68, 78, 81, 93-95, 100
Estratégia do *rollback*, 12
Europa, 10, 12-13, 27
Europa Ocidental, 37-38, 41, 93-94

F

Fabianism and the Empire [*Fabianismo e o Império*], de George Bernard Shaw, 56
Fabianos, 17, 54, 56-57, 63
Fabianos na Inglaterra, 27
Fair Deal [Acordo Justo], 70
Federalist Papers, The [*O Federalista*], 76
Federal Trade Commission [Comissão Federal de Comércio], 73
França, 26, 58, 91
Frankfurter, Felix (1882-1965), 63
Frente Popular, 67, 82

G

Garrett, Garet (1878-1954), 12
Garvin, J. L. (1868-1947), 58
Great Society [Grande Sociedade], 70

Grey, *Sir* Edward (1862-1933), 58
Groth, Alexander J. (1932-), 61
Guerra do Vietnã, 15, 28
Guerra Fria, 10-12, 24

H

Haldane, Richard B. (1856-1928), 58
Hamilton, Alexander (1757-1804), 76
Hamowy, Ronald (1937-2012), 50
Hazlitt, Henry (1894-1993), 92
Himmelfarb, Gertrude (1922-), 42
Hobbes, Thomas (1588-1679), 37
Holanda, 39
Hoover, Herbert C. (1874-1964), 20, 65-66, 68, 81-82
Hungria, 91
Hurley, Edward N. (1864-1933), 73

I

Igreja Católica, 26, 40
Illinois Manufacturers Association [Associação de Indústrias de Illinois], 73

Iluminismo do século XVIII, 26
Irlanda, 46
Itália, 55
Itália fascista, 62
Iugoslávia, 91-92

J

Jantares de Gary, 72
Jay, John (1745-1829), 76
Johnson, Lyndon B. (1908-1973), 70-71

K

Kapital, Das [*O Capital*], de Karl Marx, 51
Kennedy, John F. (1917-1963), 71
Kirk, Russell (1918-1994), 50
Kolko, Gabriel (1932-2014), 20, 28, 68-69, 71-73, 75-76
Kosygin, Alexei (1904-1980), 91
Kritik des Gothaer Programms [*Crítica do Programa de Gotha*], de Karl Marx, 52

L

Lassallianos, 18, 54
Left and Right: A Journal of Libertarian Thought [*Esquerda e Direita: Uma Revista de Pensamento Libertário*], 7, 15, 25-26
Lenin, Vladimir Ilyich Ulianov, conhecido como (1870-1924), 51, 59-60, 90
Leviatã: Ou Matéria, Forma e Poder de um Estado Eclesiástico e Civil, de Thomas Hobbes, 37
Liberalismo, 14, 17-18, 22, 25-27, 40-46, 49-51, 54, 89, 98
Liberalismo clássico, 13, 18, 21, 49
Liberman, Ovsiy Hrihorovich (1897-1983), 91
Liga Hanseática, 39
Liggio, Leonard P. (1933-2014), 52

M

Macarthismo, 11
Mackinder, Halford J. (1861-1947), 58
Madison, James (1751-1836), 76
Maine, Henry James Sumner (1822-1888), 26, 38

Manifest der Kommunistischen Partei [*Manifesto do Partido Comunista*], de Karl Marx e Friedrich Engels, 51
Marx, Karl (1818-1883), 27, 51-53, 59-60, 90
Marxistas, 18, 52-54, 58, 60, 92-93, 97
Maxse, Leopold (1864-1932), 58
Mencken, H. L. (1880-1956), 28, 82-83
Meyer, Frank S. (1909-1972), 11
Mills, Charles Wright (1916-1962), 14
Milner, Alfred (1854-1925), 58
Mises, Ludwig von (1881-1973), 92
Monthly Review, 92
Morgan Bank, 58
Mosley, *Sir* Oswald (1896-1980), 56
Mussolini, Benito Amilcare Andrea (1883-1945), 56

N

National Review, 9, 11-12, 58
New Deal, 13-14, 20-21, 25, 28, 63, 65, 67-68, 70, 77, 82, 85
New Individualist Review, 50, 72

Nixon, Richard (1913-1994), 23, 71
Nock, Albert Jay (1870-1945), 21, 28, 81-83
Nova Esquerda, 14-15, 23, 29
Nova Liberdade (*New Freedom*), 71, 73
Nova Política Econômica, 90
November Review, The, 52
Novo Nacionalismo *(New Nationalism)*, 71, 76

O

Organization Man, The [*O Homem da Organização*], de William H. Whyte Jr., 79

P

Partido Liberal inglês, 56
Partido Socialista, 57, 59
Partido Republicano, 23
Patten, Simon N. (1852-1922), 75
Período Progressista, *ver* Era Progressista
Políticas de bem-estar social, 70
Polônia, 91
Primeira Guerra Mundial, 27, 58, 65, 68
Progressive Party [Partido Progressista], 73

Q

Queda do Muro de Berlim, 24

R

Reagan, Ronald (1911-2004), 23
Reforma Kosygin, 91
Reforma Liberman, 90-91
Reserva Federal, 73
Revolução Americana, 16, 26, 40, 87
Revolução Cubana, 23
Revolução Francesa, 16, 26, 40, 87
Revolução Industrial, 26, 40-41, 87, 89, 98
Revolução Inglesa, 16, 26, 40
Revolução permanente, 42
Right to Ignore the State, The [O Direito de Ignorar o Estado], de Herbert Spencer, 46
Road to Serfdom, The [*O Caminho da Servidão*], de F. A. Hayek, 93
Rockwell Jr., Llewellyn H., 8
Roosevelt, Franklin Delano (1882-1945), 14, 20, 28, 63, 67, 70-71, 73, 78, 82, 84
Roosevelt, Theodore (1858-1919), 73, 76

Rothbard, Murray Newton (1926-1995), 7, 11-15, 17-18, 20-29
Rouvroy, Claude-Henri de (1760-1825), o conde de Saint-Simon, 51
Rússia, 58, 90

S

Salerno, Joseph T., 8
Salvemini, Gaetano (1873-1957), 62
Schumpeter, Joseph (1883-1950), 55
Science and Society, 60
Segunda Guerra Mundial, 12, 21, 28, 70, 78, 84
Segunda Internacional, 59
Semmel, Bernard (1928-2008), 56
Shaw, George Bernard (1856-1950), 56, 58
Smith, Al (1873-1944), 82
Social Statics [*Estatísticas Sociais*], de Herbert Spencer, 46
Socialist Register, 54
Socialistas de cátedra, 75
Sociedade de *status*, 16, 26
Sociedade do contrato, 40
Sociedade industrial, 26, 40
Sociedade militar, 26, 38, 40
Spencer, Herbert (1820-1903), 26, 38, 45-46, 84
Stalin, Josef Vissarionóvitch (1878-1953), 56, 90

Índice remissivo e onomástico

Stevenson, Adlai (1900-1965), 13
Students for a Democratic Society (SDS), 15

T

Taft, William Howard (1857-1930), 64-66, 73
Tchecoslováquia, 91
Tory, 46, 57-58, 84
Tradição liberal, 29
Tragedy of American Diplomacy, The [*A Tragédia da Diplomacia Norte-Americana*], de William A. Williams, 14
Triumph of Conservatism, The: A Reinterpretation of American History, 1900-1916 [*O Triunfo do Conservadorismo*], de Gabriel Kolko, 68
Trotsky, Leon (1879-1940), 42
Truman, Harry S. (1884-1972), 70

U

União Soviética, 91

Ursprung der Familie, des Privateigenthums und des Staats, Der [*A Origem da Família, da Propriedade Privada e do Estado*], de Friedrich Engels, 51
U.S. Steel, 72

V

Velha Direita (Old Right), 12, 21
Velha Ordem, 16-17, 22, 26, 37-39, 41, 49, 87-89, 93-94, 98-99

W

Ward, Lester (1841-1913), 75
Webb, Beatrice (1858-1943), 56-57
Webb, Sidney (1859-1947), 57
Whyte, Jr., William H. (1917-1999), 78
Williams, William Appleman (1921-1990), 14
Wilson, Woodrow (1856-1924), 28, 65-66, 71, 73

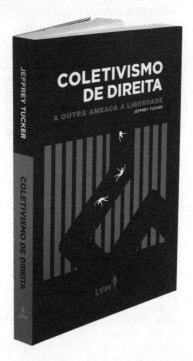

Coletivismo de Direita traz uma crítica duríssima à onda direitista que se vende como anticomunista, porém, que não necessariamente se mostra favorável às liberdades individuais. O que mais assusta na análise de Jeffrey A. Tucker é a lucidez com que disseca os movimentos populistas da direita contemporânea, que não raramente estão mancomunados com turbas racistas, eugenistas e xenófobas. Como um discurso de amor à pátria pode esconder um desejo insano de pureza racial? Como pregações moralistas rapidamente escusam apelos criminosos contra grupos determinados? Tucker responde tudo isso indo muito além dos clichês ideológicos.

Rumo a uma Sociedade Libertária apresenta em curtos e incisivos capítulos as questões polêmicas mais discutidas em nosso tempo sob o prisma dos fundamentos básicos do libertarianismo. Nesta coletânea de ensaios, o professor Walter Block discute com clareza e bom humor temas de política externa, de economia e de liberdades pessoais. Ao forçar o leitor a sair do lugar comum das análises políticas, econômicas e sociais, a lógica impecável do autor revela que os princípios econômicos da Escola Austríaca e o pensamento individualista libertário são os melhores veículos para compreender os problemas mundiais e conduzir em direção às soluções destes.

Acompanhe a LVM Editora nas redes sociais

https://www.facebook.com/LVMeditora/

https://www.instagram.com/lvmeditora/

Esta obra foi composta pela BR75
na família tipográfica Sabon e impressa em Pólen 80 g.
pela PlenaPrint Gráfica para a LVM em junho de 2019